Lukas Hendricks/Prof. Dr. jur Thomas Schlegel

Die Partnerschaftsgesellschaft für Arztpraxen

2019
HDS-Verlag
Weil im Schönbuch

HDS
Verlag

Bibliografische Information der Deutschen Nationalbibliothek
Die Deutsche Nationalbibliothek verzeichnet diese Publikation
in der Deutschen Nationalbibliografie; detaillierte bibliografische Daten
sind im Internet über http://dnb.de abrufbar

Gedruckt auf säure- und chlorfreiem, alterungsbeständigem Papier

ISBN: 978-3-95554-413-3

www.hds-verlag.de
info@hds-verlag.de

Layout: HDS-Verlag
Druck und Bindung: Mazowieckie Centrum Poligrafii

Printed in Poland
2019

HDS-Verlag Weil im Schönbuch

Die Autoren

Lukas Hendricks, Steuerberater, Diplom-Finanzwirt, MBA (International Taxation), Fachberater für den Heilberufebereich (IFU/ISM gGmbH) ist nach mehrjähriger praktischer Berufserfahrung in der Finanzverwaltung und in der Steuerabteilung eines DAX-Konzerns seit 2010 Steuerberater in eigener Praxis in Bonn und seit 2001 in der Erwachsenenbildung für zahlreiche Bildungseinrichtungen. Er ist Autor und Mitautor mehrerer Fachbücher und Aufsätze zu den Themen Steuerrecht (insbesondere für Heilberufe), Buchführung, Bilanzierung und Jahresabschluss. Ein fachlicher Schwerpunkt bildet die Beratung der Heil- und Hilfsberufe.

Prof. Dr. jur. Thomas Schlegel. Rechtsanwalt. Professor für Arzt- und Medizinrecht im Fachbereich Gesundheitswirtschaft an der Hochschule Fresenius, Idstein. Dozent der Universität Cardiff, GB im Masterstudiengang „International Pharmacoeconmics & Health Care" Fremdsprache: Englisch (2. Muttersprache). Stellvertretender Aufsichtsratsvorsitzender Acura Kliniken Rheinland-Pfalz AG. Beirat der aescuvest GmbH (Crowdinvestment). Wissenschaftlicher Leiter der HealthCare Akademie.

Vorwort

Die Rechtsform der Wahl für Freiberufler war in der Vergangenheit oft die Gesellschaft bürgerlichen Rechts. Mit Einführung des Partnerschaftsgesellschaftsgesetzes hat der Gesetzgeber 1994 die spezifische Möglichkeit einer weiteren Rechtsform für den Zusammenschluss zur Ausübung freier Berufe geschaffen, die kein Handelsgewerbe ausüben.

Die Grundlagen der Partnerschaft beruhen auf denen der GbR, insofern die Partnerschaft eine spezielle Ausgestaltung der GbR darstellt. Die Partnerschaft stellt dabei in ihrer Rechtsform keine juristische Person, sondern eine auf Gesellschaftsvertrag beruhende gesamthänderische Personengesellschaft dar. Das PartGG erklärt viele Vorschriften des HGB, die für die OHG gelten, auf die PartG für anwendbar.

Wie die OHG kann die Partnerschaftsgesellschaft unter ihrem Namen Rechte erwerben und Verbindlichkeiten eingehen, klagen und verklagt werden. Für die Liquidation gelten die Vorschriften des HGB ebenfalls entsprechend. Sie ist rechtlich damit verselbstständigt. Bei der Erbringung ihrer beruflichen Leistung handeln die Partner eigenverantwortlich und unabhängig. Jeder Partner ist allein zur Führung der gewöhnlichen Geschäfte und Alleinvertretung berechtigt.

Die Kodifikation der Partnerschaft hat den Anspruch, durch die Registereintragung Rechtssicherheit für den Gläubiger herbeizuführen, sowie der Ausübung der freiberuflichen Tätigkeit durch ein Haftungsprivileg im Außenverhältnis Rechnung zu tragen.

Keine Vorteile ergeben sich allerdings hinsichtlich der steuerlichen Behandlung, denn diese richtet sich weiterhin nach den Grundprinzipien der Besteuerung der GbR. Das Partnerschaftsgesellschaftsgesetz steht dabei in seinen Regelungen im engen Zusammenhang mit dem jeweiligen Berufsrecht der freien Berufe.

Das Besondere an der Partnerschaftsgesellschaft ist die Möglichkeit der Haftungsbeschränkung im Außenverhältnis. Generell haften die Partner für Verbindlichkeiten der Partnerschaft gesamtschuldnerisch und persönlich. Waren allerdings nur einzelne Partner mit der Bearbeitung eines Auftrags befasst, haften nur sie für daraus entstandene berufliche Fehler. Die Partnerschaftsgesellschaft bietet die Möglichkeit, neu eintretende Partner vor der Haftung für Altfälle zu schützen.

Bonn/Frankfurt am Main, im Oktober 2018
Lukas Hendricks/Prof. Dr. jur Thomas Schlegel

Inhaltsverzeichnis

Abkürzungsverzeichnis

a.a.O.	am angegebenen Ort
Abs.	Absatz
AO	Abgabenordnung
ApoG	Apothekengesetz
Art.	Artikel
Ärzte-ZV	Zulassungsverordnung für Vertragsärzte
BayHKaG	Bayerisches Heilberufe-Kammergesetz
BeurkG	Beurkundungsgesetz
BFH	Bundesfinanzhof
BFH/NV	Sammlung der Entscheidungen des Bundesfinanzhofs (Zeitschrift)
BGB	Bürgerliches Gesetzbuch
BGBl	Bundesgesetzblatt
BMF	Bundesfinanzministerium
BMJ	Bundesministerium der Justiz
BÄO	Bundesärzteordnung
BRAO	Bundesrechtsanwaltsordnung
BSGE	Sammlung der Entscheidungen des BSG
BStBl	Bundessteuerblatt
BT-Drs.	Bundestags-Drucksache
BVerfG	Bundesverfassungsgericht
bzw.	beziehungsweise
d.h.	das heißt
EGVP	elektronisches Gerichts- und Verwaltungspostfach
EKV	Arzt-/Ersatzkassenvertrag
ErbStG	Erbschaftsteuergesetz
EStG	Einkommensteuergesetz
ff.	**fortfolgende**
GbR	Gesellschaft bürgerlichen Rechts
gem.	gemäß

GKV	Gesetzliche Krankenversicherung
GmbH	Gesellschaft mit beschränkter Haftung
GmbHG	Gesetz betreffend die Gesellschaften mit beschränkter Haftung
GVBl.	Gesetz- und Verordnungblatt
HGB	Handelsgesetzbuch
i.d.R.	in der Regel
i.R.d.	im Rahmen der
i.S.d.	im Sinne des
i.V.m.	in Verbindung mit
KG	Kapitalgesellschaft
LLP	Limited Liability Partnership
MBO	Musterberufsordnung
Mio.	Million
NJW	Neue Juristische Wochenschrift
Nr.	Nummer
NZG	Neue Zeitschrift für Gesellschaftsrecht
o.ä.	oder ähnliches
OFD	Oberfinanzdirektion
o.g.	oben genannt
OHG	Offene Handelsgesellschaft
OLG	Oberlandesgericht
PartG	Partnerschaftsgesellschaft
PartGG	Partnerschaftsgesellschaftsgesetz
PartGmbB	Partnerschaftsgesellschaft mit beschränkter Berufshaftung
S./s.	Satz/Seite/siehe
SAPV	Spezialisierte ambulante Palliativversorgung
SGB	Sozialgesetzbuch
sog.	sogenannt(e)

SozR	Sozialrecht
StGB	Strafgesetzbuch
u.a.	unter anderem
u.ä.	und ähnliches
UStG	Umsatzsteuergesetz
VÄndG	Vertragsarztrechtsänderungsgesetz
vgl.	vergleiche
z.B.	zum Beispiel

1. Einführung

Die Rechtsform der Wahl für Freiberufler war in der Vergangenheit oft die Gesellschaft bürgerlichen Rechts (GbR oder auch BGB-Gesellschaft) gem. §§ 705 ff. BGB. Mit Einführung des Partnerschaftsgesellschaftsgesetzes hat der Gesetzgeber 1994 die spezifische Möglichkeit einer weiteren Rechtsform für den Zusammenschluss zur Ausübung freier Berufe geschaffen, die kein Handelsgewerbe ausüben. Zum 31.12.2016 gab es in Deutschland bereits 13.197 Partnerschaftsgesellschaften. Mit insgesamt 4.378 waren ca. 1/3 davon Partnerschaftsgesellschaften mit beschränkter Berufshaftung.

Auch wenn der weit überwiegende Teil der Partnerschaften von Mitgliedern der rechts- und steuerberatenden Berufe gegründet wird, entfallen bereits ca. 13 % aller Partnerschaften (31.12.2016: 1.769 Partnerschaftsgesellschaften) auf Human-, Zahn- oder Veterinärmediziner.

Die Grundlagen der Partnerschaft beruhen dabei auf denen der Gesellschaft bürgerlichen Rechts, insofern die Partnerschaft eine spezielle Ausgestaltung der Gesellschaft bürgerlichen Rechts darstellt. Die Partnerschaft stellt dabei in ihrer Rechtsform keine juristische Person, sondern eine auf Gesellschaftsvertrag beruhende **gesamthänderische Personengesellschaft** dar, die als solche am ehesten mit der Offenen Handelsgesellschaft gem. § 105 HGB zu vergleichen ist. Das PartGG erklärt viele Vorschriften des HGB, die für die OHG gelten, auf die PartG für anwendbar (§ 6 Abs. 3 PartGG).

Wie die OHG kann die Partnerschaftsgesellschaft unter ihrem Namen Rechte erwerben und Verbindlichkeiten eingehen, klagen und verklagt werden (§ 7 Abs. 2 PartGG i.V.m. § 124 Abs. 1 HGB). Für die Liquidation gelten die Vorschriften des HGB ebenfalls entsprechend (§ 10 PartGG). Sie ist rechtlich damit verselbstständigt. Bei der Erbringung ihrer beruflichen Leistung handeln die Partner eigenverantwortlich und unabhängig. Jeder Partner ist allein zur Führung der gewöhnlichen Geschäfte und zur Alleinvertretung berechtigt.

Die Rechtsform der Partnerschaft soll dabei gestalterische Freiheit bei der Beschränkung der Haftung gewähren. Die Kodifikation der Partnerschaft hat dabei den Anspruch, durch die Registereintragung Rechtssicherheit für den Gläubiger herbeizuführen, sowie der Ausübung der freiberuflichen Tätigkeit durch ein Haftungsprivileg im Außenverhältnis Rechnung zu tragen. Keine Vorteile ergeben sich allerdings hinsichtlich der steuerlichen Behandlung, denn diese richtet sich weiterhin nach den Grundprinzipien der Besteuerung der GbR. Das Partnerschaftsgesellschaftsgesetz steht dabei in seinen Regelungen im engen Zusammenhang mit dem jeweiligen Berufsrecht der freien Berufe, denn dieses gilt vorrangig und in Ergänzung des Partnerschaftsgesellschaftsgesetzes. Das Besondere an der Partnerschaftsgesellschaft ist die Möglichkeit der Haftungsbeschränkung im Außenverhältnis.

Generell haften die Partner für Verbindlichkeiten der Partnerschaft gesamtschuldnerisch und persönlich. Waren allerdings nur einzelne Partner mit der Bearbeitung eines Auftrags befasst, haften nur sie für daraus entstandene berufliche Fehler. Das heißt, die anderen Partner haften in diesem Fall nicht mit ihrem Privatvermögen.

Ein „Auftrag" im Sinne der Regelung ist beispielsweise der Beratungsauftrag, das anwaltliche Mandat, der ärztliche Behandlungsvertrag etc. Es geht dabei also um Fehler in der Berufsausübung, die eine Haftung auslösen, wenn der Gläubiger jedoch nur einen Zugriff auf den verursachenden Partner und nicht die Gesellschaft hat.

„Befasst sein" bedeutet, dass der Partner den Auftrag selbst bearbeitet oder seine Bearbeitung überwacht hat oder dies nach der internen Zuständigkeitsverteilung hätte tun müssen.

Dies setzt voraus, dass zumindest ein Partner mit dem Auftrag befasst war und damit zumindest ein Partner in der Gesellschaft die persönliche Verantwortung und Haftung für den Berufsfehler übernimmt. Von dieser Haftungsregelung sind allerdings Bearbeitungsbeiträge von untergeordneter Bedeutung ausgenommen. Sind mehrere Partner verantwortlich, ist ein Partner mit untergeordnetem Beitrag zum Auftrag nicht persönlich haftbar.

Haben mehrere Partner die Sache bearbeitet, so haften sie gesamtschuldnerisch. Aus diesen beiden Punkten resultieren auch die besonderen Haftungsrisiken in der GbR. Es ist nicht möglich, die Haftung auf den handelnden Partner einer GbR (den einzelnen GbR-Gesellschafter) im Außenverhältnis zu begrenzen. Auch wer nichts mit der Tätigkeit zu tun hatte, die zum Schadenersatz geführt hat, kann sich Schadenersatzforderungen ausgesetzt sehen. Dieser Aspekt wird noch verstärkt durch die Tatsache, dass auch neue Mitglieder einer GbR gesamtschuldnerisch für die Fälle mithaften, die passierten, als sie noch keine Gesellschafter waren. Die Partnerschaftsgesellschaft hingegen bietet die Möglichkeit, neu eintretende Partner vor der Haftung für Altfälle zu schützen. Eine Ausnahme besteht jedoch dann, wenn sich ein neu eintretender Partner mit Altfällen befasst. Dann kann es wegen persönlicher Befassung ebenfalls zu einer Haftung kommen.

Aus diesem Grunde ist es wichtig, dass sich die Gesellschafter im Innenverhältnis gegenseitig für Fehler des anderen freistellen lassen, sollten sie seinetwegen im Außenverhältnis vom Gläubiger in Anspruch genommen werden.

2. Partnerschaftsgesellschaft als Lösung zur Haftungsbeschränkung

Ein Weg, besonders die Haftungsproblematik zu entschärfen, ist die Gründung einer Partnerschaftsgesellschaft. Eine Partnerschaftsgesellschaft ist im Grunde nichts anderes als eine GbR mit der Ausnahme, dass sie nur aus Angehörigen freier, nicht gewerblicher, Berufe bestehen darf und die Haftung für die fehlerhafte Berufsausübung auf „eigene" Fehler beschränkt ist.

Durch Gesetz kann für einzelne Berufe eine Beschränkung der Haftung für Ansprüche aus Schäden wegen fehlerhafter Berufsausübung auf einen bestimmten Höchstbetrag zugelassen werden. Voraussetzung ist, dass zugleich eine Pflicht zum Abschluss einer Berufshaftpflichtversicherung der Partner oder der Partnerschaft begründet wird (§ 8 PartGG), das heißt Freiberufler, deren Haftung per Berufsgesetz und Verordnung beschränkt ist, müssen eine Haftpflichtversicherung abschließen.

Der wichtigste Vorteil einer Partnerschaftsgesellschaft gegenüber einer GbR besteht also darin, dass in der Partnerschaft im Rahmen der Beauftragung mit dem Auftraggeber vereinbart werden kann, dass nur ein Partner mit dem Auftrag befasst ist und folglich nur er für Fehler haftet. Die anderen Partner bleiben somit außen vor. Bei einer GbR haftet dagegen jeder Gesellschafter für die Fehler der anderen Gesellschafter.

3. Bedeutung für Ärztegesellschaften

Da seit einigen Jahren auch fachübergreifende Ärztegesellschaften (Berufsausübungsgemeinschaften) möglich sind, bestehen diese häufig aus Fächern, welche unterschiedlichen Haftungsrisiken ausgesetzt sind. Würde beispielsweise ein hausärztlich tätiger Internist mit einer Gefäßchirurgin eine Berufsausübungsgemeinschaft betreiben, lägen unterschiedlich hohe Risiken in der Berufsausübung vor. Der hausärztliche Internist müsste infolgedessen für die Fehler in der Berufsausübung (Aufklärungs- und Behandlungsfehler) der Kollegin mithaften, welche ein deutlich höheres Schadensrisiko hat. Dies wirkt sich auch in höheren Haftpflichtprämien bei deren Angleichung aus. Die Limitierung des Haftungsrisikos auf das jeweilige Schadensrisiko der eigenen Tätigkeiten beider Gesellschafter schützt sie nicht nur für ihre individuellen Risiken, sondern mindert auch ihre Haftpflichtbeiträge.

> **Tipp!**
> Insoweit ist in diesen Konstellationen immer eine Partnerschaftsgesellschaft zu empfehlen.

4. Grundlagen des PartGG

4.1 Entstehung

Als Reaktion auf den Trend einiger Freiberuflergruppen, sich aus Haftungsgründen in Deutschland in der Rechtsform der britischen Limited Liability Partnership (LLP) zu organisieren, um der unbegrenzten persönlichen, gesamtschuldnerischen Haftung zu entgehen, hat der Gesetzgeber mit der Partnerschaftsgesellschaft eine explizit für die Ausübung freiberuflicher Tätigkeiten vorgesehene Rechtsform entwickelt und angeboten, die zunächst zumindest einen Haftungsschutz für Fehler eines Mitgesellschafters bieten sollte.

Anders als bei der BGB-Gesellschaft (diese kann auch konkludent oder mündlich geschlossen werden) unterliegt die Partnerschaftsgesellschaft der Schriftform und bedarf daher eines Gesellschaftsvertrags (§ 3 Abs. 1 PartGG). Die Gesellschaft entsteht durch den Zusammenschluss von mindestens zwei Gesellschaftern, die einen gemeinsamen Zweck verfolgen und diesen durch Beitragsleistung oder in sonstiger vertraglich vereinbarter Weise fördern. Der Zweck muss sich dabei nicht in gemeinsamer Organisation ausdrücken. Ebenso ist eine Beteiligung an Gewinn sowie Verlust nicht erforderlich. Allerdings ist zu beachten, dass jeder Gesellschafter sich aktiv als Partner einbringen muss und ein unternehmerisches Risiko trägt, um ein „echter" Gesellschafter zu sein. Anderenfalls droht aus der Qualifikation als verdecktes Arbeitsverhältnis im schlimmsten Fall die Gewerblichkeit und in Folge die Gewerbesteuerpflicht der gemeinschaftlich erzielten Einkünfte.

4.2 Echte Mitunternehmerstellung aller Partner

Ein wesentlicher steuerlicher Vorteil der Partnerschaftsgesellschaft gegenüber einer ebenfalls haftungsbeschränkten GmbH oder z.B. GmbH & Co. KG, ist der Umstand, dass die Partnerschaftsgesellschaft freiberufliche Einkünfte i.S.d. § 18 EStG erzielt und im Gegensatz zur GmbH, die einen Gewerbebetrieb kraft Rechtsform darstellt, keine Gewerbesteuer zahlt. Dies gilt auch für die PartGmbB. Diese wird steuerlich behandelt wie eine Partnerschaftsgesellschaft oder GbR. Auch sie erzielt grundsätzlich freiberufliche Einkünfte, unterliegt also weder der Gewerbesteuer-, noch einer Bilanzierungspflicht (vgl. OFD Nordrhein-Westfalen vom 12.12.2013, Kurzinfo ESt 30/2013).

Wenn hingegen die Mitunternehmerstellung eines einzelnen Gesellschafters der Partnerschaftsgesellschaft nicht hinreichend stark ausgeprägt ist, weil er z.B.:

- einerseits nicht am Gewinn (ihre Einnahmen wurden als Vorabvergütung durch den BFH gewürdigt) und nicht am Verlust beteiligt ist,
- von der Teilhabe an den stillen Reserven der Praxis ausgeschlossen ist,
- keine Mitspracherechte hat und
- durch eine Berufshaftpflichtversicherung als auch durch vertragliche Regelungen von der Haftung faktisch weitgehend befreit ist,

kann ein „vermögenslos beteiligter" Arzt die Gewerblichkeit der gesamten Partnerschaftsgesellschaft auslösen.

In einem Urteilsfall ist der BFH am 03.11.2015, VIII R 62/13, zu dem Ergebnis gelangt, dass eine in einer Ärzte-GbR tätige Ärztin nach den o.g. Kriterien nicht als Mitunternehmerin der GbR anzusehen war.

Zwar dürfen sich Freiberufler der Mithilfe von fachlich vorgebildeten Arbeitskräften bedienen. Dann müssen sie aber weiterhin aufgrund eigener Fachkenntnisse leitend und eigenverantwortlich tätig sein.

Hieran fehlte es im Urteilsfall, denn die nicht zur Mitunternehmerin gewordene Ärztin hatte ihre Patienten selbst eigenverantwortlich behandelt, ohne dass die beiden Senior-Mitunternehmer der Gesellschaft sie überwacht oder bei der Behandlung der Patienten mitgewirkt hatten. Die Honorare der Ärztin beruhten somit nicht auf einer leitenden und eigenverantwortlichen Tätigkeit der Mitunternehmer selbst, sodass sie insoweit gewerbliche Einkünfte erzielten, die wiederum die freiberuflichen Einkünfte bestehend aus den beiden Senioren verfärbten.

Bei einer nicht als Mitunternehmer ausgeprägten Gesellschafterstellung drohen darüber hinaus gerade im ärztlichen Bereich existenzielle Risiken aus Honorarrückforderungen.

So hat das Bundessozialgericht in seiner Entscheidung vom 23.06.2010, B 6 KA 7/09 R, zur sog. „Nullbeteiligungsgesellschaft" entschieden, dass bei Fehlen des wirtschaftlichen Risikos und Nichtbeteiligung am Wert der Praxis keine Berufsausübungsgemeinschaft und somit auch kein Honoraranspruch derselben vorliegt.

Tipp!
Daher ist von sogenannten „Nullkapitalbeteiligungen“ an Ärztegesellschaften, wie sie in der Vergangenheit häufig durchgeführt worden sind, dringend abzuraten.

Eine Abrechnung kann auch dann falsch sein, wenn die vertragsärztliche Tätigkeit, in deren Rahmen die Leistungen erbracht worden seien, nicht in Übereinstimmung mit den Grundsätzen der vertragsärztlichen Versorgung ausgeübt worden sei. Dies gelte auch für den Fall der Leistungserbringung durch eine nur formal bestehende Gemeinschaftspraxis.

Für die Rechtmäßigkeit der Honorargewährung kommt es nicht nur auf die formelle Zulassung zur vertragsärztlichen Versorgung an, sondern der Vertragsarzt müsse vielmehr auch materiell berechtigt sein, Leistungen in der vertragsärztlichen Versorgung zu erbringen. Daher sei die Kassenärztliche Vereinigung berechtigt, im Falle eines Gestaltungsmissbrauchs der Rechtsformen vertragsärztlicher Kooperation die Honorarabrechnungen der beteiligten Ärzte sachlich-rechnerisch richtig zu stellen.

Achtung!
Unverzichtbar für die Annahme einer Tätigkeit in „freier Praxis“ ist es daher sowohl steuerlich als auch sozialrechtlich, dass dem Gesellschafter Mitgliedschaftsrechte in Form von Mitwirkungsrechten, insbesondere Stimmrechten, durch den Gesellschaftsvertrag eingeräumt würden, weil ansonsten nicht angenommen werden könne, dass der Arzt den Einsatz der der Praxis zugeordneten sachlichen und persönlichen Mittel selbst bestimme.

Das Erfordernis, dass es beim Vertragsarzt „maßgebend von seiner Arbeitskraft abhängen“ muss, in welchem Umfang seine freiberufliche Tätigkeit Einkünfte erbringt (BSGE 35, 247, 252 = SozR Nr. 1 zu § 5 EKV-Ärzte = NJW 1973, 1435, 1437), ihn also im positiven wie im negativen Sinne die Chance und das Risiko des beruflichen Erfolges oder Misserfolges persönlich treffen müssen, ist der Notwendigkeit geschuldet, den Status des Vertragsarztes von dem Status des angestellten Arztes abzugrenzen. Nur dann ist das Merkmal beruflicher und persönlicher Selbstständigkeit gegeben und es liegt nicht ein (verstecktes) Angestelltenverhältnis vor.

Dies bedeutet insbesondere, dass der Vertragsarzt nicht wie ein Angestellter nur ein Festgehalt erhalten darf. Vielmehr muss ihm maßgeblich der Ertrag seiner vertragsärztlichen Tätigkeit zugutekommen, ebenso wie ein eventueller Verlust zu seinen Lasten gehen muss. Dieses Erfordernis muss von Anbeginn der vertragsärztlichen Tätigkeit erfüllt sein, kann mithin nicht für die Dauer einer „Probezeit" suspendiert werden.

Diese Teilhabe an Gewinn und Verlust der laufenden Praxistätigkeit kann nicht allein auf den Kapitaleinsatz bezogen werden, der bei der ärztlichen Tätigkeit nicht die ausschlaggebende Rolle spielt.

§ 18 MBO (Musterberufsordnung [Aufgrund eventueller Abweichungen in den jeweiligen geltenden Berufsordnungen ist dringend zu empfehlen, die hier genannten Regelungen der MBO mit der auf den Einzelfall anwendbaren Berufsordnung abzugleichen. Der Einfachheit halber wird hier auf die MBO Bezug genommen.]) fordert regelmäßig eine Teilnahme aller Gesellschafter der Berufsausübungsgemeinschaft an deren unternehmerischem Risiko, an unternehmerischen Entscheidungen und an dem gemeinschaftlich erwirtschafteten Gewinn.

§ 18 MBO

Berufliche Kooperationen

(1) Ärztinnen und Ärzte dürfen sich zu Berufsausübungsgemeinschaften, Organisationsgemeinschaften, Kooperationsgemeinschaften und Praxisverbünden zusammenschließen. Der Zusammenschluss zur gemeinsamen Ausübung des Arztberufs kann zum Erbringen einzelner Leistungen erfolgen, sofern er nicht einer Umgehung des § 31 dient. Eine Umgehung liegt insbesondere vor, wenn der Gewinn ohne Grund in einer Weise verteilt wird, die nicht dem Anteil der persönlich erbrachten Leistungen entspricht. Die Anordnung einer Leistung, insbesondere aus den Bereichen der Labormedizin, der Pathologie und der bildgebenden Verfahren, stellt keinen Leistungsanteil im Sinne des Satzes 3 dar. Verträge über die Gründung von Teil-Berufsausübungsgemeinschaften sind der Ärztekammer vorzulegen.

(2) Ärztinnen und Ärzte dürfen ihren Beruf einzeln oder gemeinsam in allen für den Arztberuf zulässigen Gesellschaftsformen ausüben, wenn ihre eigenverantwortliche, medizinisch unabhängige sowie nicht gewerbliche Berufsausübung gewährleistet ist. Bei beruflicher Zusammenarbeit, gleich in welcher Form, hat jede Ärztin und jeder Arzt zu gewährleisten, dass die ärztlichen Berufspflichten eingehalten werden.

(2a) Eine Berufsausübungsgemeinschaft ist ein Zusammenschluss von Ärztinnen und Ärzten untereinander, mit Ärztegesellschaften oder mit ärztlich geleiteten Medizinischen Versorgungszentren, die den Vorgaben des § 23a Absatz 1, Buchstabe a, b und d entsprechen, oder dieser untereinander zur gemeinsamen Berufsausübung. Eine gemeinsame Berufsausübung setzt die auf Dauer angelegte berufliche Zusammenarbeit selbständiger, freiberuflich tätiger Gesellschafter voraus. Erforderlich ist, dass sich die Gesellschafter in einem schriftlichen Gesellschaftsvertrag gegenseitig verpflichten, die Erreichung eines gemeinsamen Zweckes in der durch den Vertrag bestimmten Weise zu fördern und insbesondere die vereinbarten Beiträge zu leisten. Erforderlich ist weiterhin regelmäßig eine Teilnahme aller Gesellschafter der Berufsausübungsgemeinschaft an deren unternehmerischen Risiko, an unternehmerischen Entscheidungen und an dem gemeinschaftlich erwirtschafteten Gewinn.

(3) Die Zugehörigkeit zu mehreren Berufsausübungsgemeinschaften ist zulässig. Die Berufsausübungsgemeinschaft erfordert einen gemeinsamen Praxissitz. Eine Berufsausübungsgemeinschaft mit mehreren Praxissitzen ist zulässig, wenn an dem jeweiligen Praxissitz verantwortlich mindestens ein Mitglied der Berufsausübungsgemeinschaft eine ausreichende Patientenversorgung sicherstellt.

(4) Bei allen Formen der ärztlichen Kooperation muss die freie Arztwahl gewährleistet bleiben.

(5) Soweit Vorschriften dieser Berufsordnung Regelungen des Partnerschaftsgesellschaftsgesetzes (Gesetz über Partnerschaftsgesellschaften Angehöriger Freier Berufe [PartGG] vom 25.07.1994, BGBl I S. 1744) einschränken, sind sie vorrangig aufgrund von § 1 Absatz 3 PartGG.

(6) Alle Zusammenschlüsse nach Absatz 1 sowie deren Änderung und Beendigung sind der zuständigen Ärztekammer anzuzeigen.

Sind für die beteiligten Ärztinnen und Ärzte mehrere Ärztekammern zuständig, so ist jede Ärztin und jeder Arzt verpflichtet, die für ihn zuständige Kammer auf alle am Zusammenschluss beteiligten Ärztinnen und Ärzte hinzuweisen.

Die gesellschaftsrechtliche Förderpflicht des einzelnen Gesellschafters muss als dauerhafte Pflicht ausgestaltet sein, solange der Vertragszweck gemeinsam verfolgt wird. Für die Entstehung der Partnerschaft stellt das PartGG gegenüber dem GbR-Recht erhöhte Anforderungen.

4.3 Anforderungen an den Gesellschaftsvertrag einer Partnerschaftsgesellschaft

4.3.1 Schriftform

So ist nach § 3 Abs. 1 PartGG in Verbindung mit § 705 BGB die Schriftform des Gesellschaftsvertrags zwingende Voraussetzung – das ist bei der BGB-Gesellschaft grundsätzlich nicht der Fall.

4.3.2 Notarielle Beurkundung

Auch muss der Vertrag notariell beurkundet werden. Erhöhte Anforderungen durch eine notarielle Beurkundung sind bei der GbR nur ausnahmsweise bei Einlageverpflichtungen i.S.d. § 311b Abs. 1 BGB, § 15 Abs. 4 GmbHG (z.B. Grundstücken) erforderlich.

4.3.3 Pflichtangaben

Darüber hinaus muss der Gesellschaftsvertrag Angaben über den Namen und den Sitz der Partnerschaft; den Namen und den Vornamen sowie den in der Partnerschaft ausgeübten Beruf und den Wohnort jedes Partners und den Gegenstand der Partnerschaft enthalten.

4.3.3.1 Name der Partnerschaftsgesellschaft

Der Name der Partnerschaft setzt sich aus drei Elementen zusammen:

1. dem Namen eines oder mehrerer Partner,
2. dem Zusatz „und Partner" oder „Partnerschaft",
3. sowie den Bezeichnungen aller in der Partnerschaft vertretenen Berufe.

Partnername, Rechtsformangabe und Berufsbezeichnung bilden den Namenskern des Partnerschaftsnamens. Als Partnername reicht die Angabe mindestens eines Partners aus. Es können aber auch zwei oder mehr Partnernamen in den Namen der Partnerschaft aufgenommen werden (§ 2 Abs. 1 PartGG).

Gesellschafter einer Partnerschaft kann im Gegensatz zum GbR-Gesellschafter lediglich eine natürliche Person sein. Der gemeinsame Zweck besteht in der gemeinsamen Berufsausübung eines freien Berufes. In der Partnerschaftsgesellschaft können sich ausschließlich Angehörige freier Berufe zur Ausübung ihrer Berufe zusammenschließen. Besteht die gemeinsame Berufsausübung im Führen eines Handelsgewerbes im Sinne von § 1 HGB, ist die Rechtsform der Partnerschaft ausgeschlossen. Hinsichtlich des Gesellschaftszwecks ist zu beachten, dass die Förderung des gemeinsamen Zwecks in der aktiven Berufsausübung bestehen muss. Ausnahmen hiervon bestehen lediglich in der Gründungsphase der Gesellschaft, insoweit der Gesellschaftsweck in dieser Phase noch auf Entstehung gerichtet ist und die Förderung daher in der Erbringung sonstiger Beiträge besteht.

Die Anforderungen an die aktive Berufsausübung sind jedoch gering, vielfach werden auch schon beratende Tätigkeiten dem Zweck entsprechen. Bei (Zahn-)Ärzten muss die Partnerschaft auf die gemeinsame Berufsausübung am Patienten gerichtet sein. Sie begründet daher auch die Außengesellschaft, welche entsprechend angekündigt sein muss. Das unterscheidet sie elementar von jeder Innengesellschaft, welche nicht als Partnerschaft eintragungsfähig ist. Das betrifft beispielsweise die Kosten- oder auch Praxisgemeinschaft, welche eine reine Innengesellschaft darstellt und daher auch gegenüber den Patienten nicht ankündigungsfähig ist.

Problematisch ist die Pflicht zur aktiven Ausübung, wenn im Laufe der Mitgliedschaft eine Verhinderung eintritt. Das PartGG regelt in § 9 Abs. 3 lediglich den Fall des endgültigen Verlusts der Berufszulassung, welche automatisch zum Ausscheiden des Gesellschafters führt. Im Übrigen stellt die Gesetzesbegründung auf die gestalterische Freiheit der Gesellschafter ab. Diesen soll im Rahmen ihrer Privatautonomie gestalterische Freiheit zukommen, welche Rechtsfolgen bei gesundheitlicher oder altersbedingter Inaktivität eintreten sollen. Unbeachtlich soll demgegenüber ein lediglich vorübergehender Verlust oder das Ruhen der Berufszulassung sein, um den Gesellschaftszweck nicht zu gefährden.

Die praktische Lösung hierfür liegt in den Ausgestaltungen des Gesellschaftsvertrags, im Rahmen dessen ohnehin die Inaktivität eines Gesellschafters infolge von Krankheit, Berufsunfähigkeit o.ä. ab einer bestimmten Zeit (beispielsweise einem halben Jahr) zum Einleiten eines Ausschlusses aus der Gesellschaft führen kann.

Aus den vorgenannten Anforderungen folgt, dass eine Partnerschaft stets eine Berufsausübungsgemeinschaft darstellt.

Soweit sich der gemeinsame Zweck auf eine reine Kostengemeinschaft richtet – wie etwa in der Ausgestaltung einer Praxis-, Labor-, oder Apparategemeinschaft – kommt infolgedessen lediglich eine GbR oder andere Rechtsformen als Rechtsform in Betracht.

Maßgebliches Kriterium der Partnerschaft ist die Ausübung eines freien Berufes. Ohne den Anspruch einer Legaldefinition aufzuweisen, definiert § 1 Abs. 1 PartGG den freien Beruf wie folgt:

„Die Freien Berufe haben im Allgemeinen auf der Grundlage besonderer beruflicher Qualifikation oder schöpferischer Begabung die persönliche, eigenverantwortliche und fachlich unabhängige Erbringung von Dienstleistungen höherer Art im Interesse der Auftraggeber und der Allgemeinheit zum Inhalt. Ausübung eines Freien Berufs im Sinne dieses Gesetzes ist die selbständige Berufstätigkeit der Ärzte, Zahnärzte, Tierärzte, Heilpraktiker, Krankengymnasten, Hebammen, Heilmasseure, Diplom-Psychologen, Mitglieder der Rechtsanwaltskammern, Patentanwälte, Wirtschaftsprüfer, Steuerberater, beratenden Volks- und Betriebswirte, vereidigten Buchprüfer (vereidigte Buchrevisoren), Steuerbevollmächtigten, Ingenieure, Architekten, Handelschemiker, Lotsen, hauptberuflichen Sachverständigen, Journalisten, Bildberichterstatter, Dolmetscher, Übersetzer und ähnlicher Berufe sowie der Wissenschaftler, Künstler, Schriftsteller, Lehrer und Erzieher."

Die Ausgestaltung des PartGG bietet jedoch allenfalls Anhaltspunkte bei der Bestimmung des freien Berufes. Die Kriterien stellen offene Wertungen dar. Bei der Bestimmung kommt es maßgeblich auf die Vergleichbarkeit und Ähnlichkeit an.

Welchen spezifischen Berufsgruppen hingegen der Zugang zur Partnerschaft rechtlich offen steht, wird vorrangig durch das jeweils einschlägige Berufsrecht bestimmt, § 1 Abs. 3 PartGG.

Probleme bei der Bestimmung ergeben sich außerhalb der klassischen freien Berufe bei Berufstätigkeiten, die sich an der Grenze zum Handelsgewerbe im Sinne von § 1 HGB bewegen. Die Definition der freien Berufe entspricht dem des § 18 Abs. 1 Nr. 1 EStG. Vor dem Hintergrund der gesetzgeberischen Intention soll die Partnerschaft als neue Rechtsform möglichst vielen Berufsgruppen Zugang eröffnen, daher soll der „freie Beruf" weit ausgelegt werden. Für absolute Grenzfälle wird infolgedessen zum Teil ein Wahlrecht bezüglich der Rechtsform angenommen.

So ist beispielweise davon auszugehen, dass ein Sanitätshausbetreiber dem Handelsgewerbe unterfällt, ein selbständiger Pflegeberuf hingegen nunmehr den freien Berufen zuzuordnen ist, zumal seit 2015 die erste Pflegekammer (Rheinland-Pfalz) existiert. Dies ist für die gemeinsame Berufsausübung von ärztlichen und nichtärztlichen Heilberufen von besonderer Bedeutung.

Weitere Abgrenzungsprobleme ergeben sich insbesondere auch bei der Ausübung gemischter Tätigkeiten, die sowohl freiberufliche als auch gewerbliche Aspekte aufweisen. Die Einordnung folgt den Anforderungen bezüglich der vergleichbaren Problematik im Vereinsrecht. Demzufolge gilt auch hinsichtlich der Abgrenzungsproblematik im Partnerschaftsgesetz das sogenannte Nebenzweckprivileg. Wird neben einem ideellen Zweck auch eine wirtschaftliche Tätigkeit angestrebt, kommt es maßgeblich auf die Untergeordnetheit der wirtschaftlichen Tätigkeit an. In der Folge kann eine Partnerschaft zur Entstehung gelangen, soweit die gewerbliche Tätigkeit lediglich untergeordneten Charakter aufweist und funktional der Verfolgung der freiberuflichen Tätigkeit dient, sowie lediglich Hilfsmittel zu dessen Erreichung ist.

Hinsichtlich der Vertretungsbefugnisse finden die Regelungen der GbR nur eingeschränkt Anwendung.

4.3.4 Anmeldung der Partnerschaft

Die Anmeldung der Partnerschaft erfolgt durch Eintragung in das Partnerschaftsregister. Die **örtliche** Zuständigkeit des Registergerichts folgt aus § 4 Abs. 1 PartGG S. 1 i.V.m. § 106 Abs. 1 HGB. Sie richtet sich nach dem Sitz der Partnerschaft. **Sachlich** zuständig sind nach § 23a GVG die Amtsgerichte als Registergerichte.

Das örtlich zuständige Registergericht finden Sie unter www.handelsregister.de im gemeinsamen Registerportal der Länder.

Die Modalitäten hinsichtlich der Anmeldung der Partnerschaft richten sich nach §§ 4, 5 PartGG. Die Anmeldung bezieht sich folglich auf den Mindestinhalt des Partnerschaftsvertrags und betrifft Namen und Sitz der Partnerschaft, ihren Gegenstand und Angaben zur Identifizierung der Partner, deren Geburtsdatum und des von ihnen in der Partnerschaft ausgeübten Freien Berufs.

Ebenfalls anmeldepflichtig ist die Gestaltung die Vertretungsbefugnis der Partner. Ergeben sich im Laufe der Tätigkeit Änderungen hinsichtlich der anmeldepflichtigen Tatsachen, ergibt sich eine nachträgliche Anmeldepflicht aus § 4 Abs. 1 S. 3 PartGG. Die Anmeldung ist dabei grundsätzlich von allen Partnern zu vollziehen, § 4 Abs. 1 S. 1 PartGG i.V.m. § 108 HGB. Es genügt insoweit jedoch den Anforderungen, wenn sich die jeweiligen Partner (durch öffentlich beglaubigte Vollmacht) vertreten lassen. Insoweit erfolgt in der Praxis eine Anmeldung üblicherweise in Verbindung mit einer notariellen Beglaubigung über das Notariat.

Die einzureichenden Dokumente müssen den formellen Anforderungen von § 5 Abs. 2 PartGG i.V.m. § 12 HGB entsprechen und sind daher in öffentlich beglaubigter Form elektronisch einzureichen. Die Eintragung der Partnerschaft hat konstitutive Wirkung, sie wird als solche im Außenverhältnis in Vollzug gesetzt. Bis zur Eintragung stellt die Partnerschaft in der Vorlaufphase eine GbR dar.

An die Bezeichnung der Partnerschaft werden gleich mehrere Voraussetzungen gestellt:

- Neben der Aufnahme mindestens eines Partnernamens ist
- entweder der Rechtsformzusatz „und Partner" oder „Partnerschaft" oder „Partnerschaftsgesellschaft" erforderlich sowie
- die Aufnahme der Berufsbezeichnungen der vertretenen Berufe, § 2 Abs. 1 PartGG.

Achtung!

Diese Ankündigung ist zwingend für die Haftungsprivilegierung. Ihr Weglassen lässt die gesamtschuldnerische Haftung in der Berufsausübung wiederaufleben. Daher sollte unbedingt auf die Mitführung dieser Begriffe in der Außenankündigung geachtet werden.

Die berufsrechtlichen Ordnungen stellen zum Teil darüberhinausgehende Anforderungen, die zu beachten sind. § 18a Musterberufsordnung Ärzte (MBO) fordert eine Ankündigung der Berufsausübungsgemeinschaften von Ärztinnen und Ärzten bezüglich der tätig werdenden Ärzte sowie der gewählten Rechtsform.

§ 18a MBO

Ankündigung von Berufsausübungsgemeinschaften und sonstigen Kooperationen

(1) Bei Berufsausübungsgemeinschaften von Ärztinnen und Ärzten sind – unbeschadet des Namens einer Partnerschaftsgesellschaft oder einer juristischen Person des Privatrechts – die Namen und Arztbezeichnungen aller in der Gemeinschaft zusammengeschlossenen Ärztinnen und Ärzte sowie die Rechtsform anzukündigen. Bei mehreren Praxissitzen ist jeder Praxissitz gesondert anzukündigen. § 19 Absatz 4 gilt entsprechend. Die Fortführung des Namens einer/eines nicht mehr berufstätigen, einer/eines ausgeschiedenen oder verstorbenen Partnerin/Partners ist unzulässig.

(2) Bei Kooperationen gemäß § 23b muss sich die Ärztin oder der Arzt in ein gemeinsames Praxisschild mit den Kooperationspartnern aufnehmen lassen. Bei Partnerschaften gemäß § 23c darf die Ärztin oder der Arzt, wenn die Angabe ihrer oder seiner Berufsbezeichnung vorgesehen ist, nur gestatten, dass die Bezeichnung „Ärztin" oder „Arzt" oder eine andere führbare Bezeichnung angegeben wird.

(3) Zusammenschlüsse zu Organisationsgemeinschaften dürfen angekündigt werden. Die Zugehörigkeit zu einem Praxisverbund gemäß § 23d kann durch Hinzufügen des Namens des Verbundes angekündigt werden.

Die bayrische Ärztekammer statuiert darüber hinaus einen Genehmigungsvorbehalt für medizinische Kooperationsgemeinschaften.

5. Berufsrechtliche Zulässigkeit und Formen der Partnerschaft

Grundsätzlich kommen für Ärzte nach der MBO drei Formen der Kooperation in Betracht:

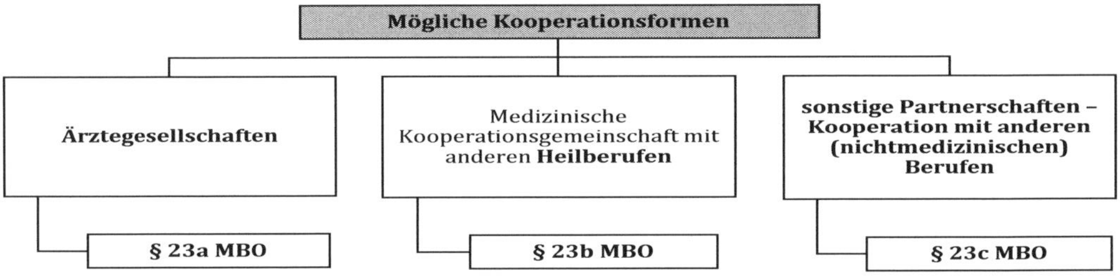

5.1 Ärztegesellschaft

Die Zulässigkeit von sog. Ärztegesellschaften regelt § 23 MBO:

§ 23a MBO

Ärztegesellschaften

(1) Ärztinnen und Ärzte können auch in der Form der juristischen Person des Privatrechts ärztlich tätig sein. Gesellschafter einer Ärztegesellschaft können nur Ärztinnen und Ärzte sowie Angehörige der in § 23b Absatz 1 Satz 1 genannten Berufe sein. Sie müssen in der Gesellschaft beruflich tätig sein. Gewährleistet sein muss zudem, dass:

a) die Gesellschaft verantwortlich von einer Ärztin oder einem Arzt geführt wird; Geschäftsführer müssen mehrheitlich Ärztinnen und Ärzte sein,
b) die Mehrheit der Gesellschaftsanteile und der Stimmrechte Ärztinnen und Ärzten zustehen,
c) Dritte nicht am Gewinn der Gesellschaft beteiligt sind,
d) eine ausreichende Berufshaftpflichtversicherung für jede/jeden in der Gesellschaft tätige Ärztin/tätigen Arzt besteht.

(2) Der Name der Ärztegesellschaft des Privatrechts darf nur die Namen der in der Gesellschaft tätigen ärztlichen Gesellschafter enthalten. Unbeschadet des Namens der Gesellschaft können die Namen und Arztbezeichnungen aller ärztlichen Gesellschafter und der angestellten Ärztinnen und Ärzte angezeigt werden.

Unabhängig von der gesellschaftsrechtlichen Rechtsform werden derartige Zusammenschlüsse von Ärzten als Berufsausübungsgemeinschaften bezeichnet.

Die Berufsausübungsgemeinschaft (vormals Gemeinschaftspraxis) stellt einen organisatorischen und rechtlich verbindlichen Zusammenschluss mindestens zweier Ärzte (aber auch den Zusammenschluss mit und von Kooperationen/MVZ) für die gemeinsame Leistungserbringung dar. Voraussetzung ist die gemeinsame Ausübung des ärztlichen Berufs mit gemeinschaftlichen Einrichtungen. Der Begriff der Gemeinschaftspraxis war bis zum VÄndG gebräuchlich, ist aber seither offiziell durch den der Berufsausübungsgemeinschaft ersetzt worden.

Zunächst auf eine fachgleiche Zusammenarbeit vor Ort beschränkt, gibt es heute die Möglichkeit zur fachübergreifenden (Leistungen sind personenbezogen zu kennzeichnen) und überörtlichen (§§ 18 Abs. 3 MBO, 33 Abs. 2 Ärzte-ZV) Kooperationen.

Die berufsrechtlichen Regelungen gelten vorrangig den Bestimmungen des Partnerschaftsgesetzes, § 1 Abs. 3 PartGG.

Aus diesem Grund ist in den gesetzlichen Katalog beispielsweise der Stand der Apotheker nicht aufgenommen worden. Hintergrund dessen ist, dass nach § 8 ApoG in Abhängigkeit von den Größenverhältnissen den Apothekern lediglich die Rechtsform der GbR oder der OHG offensteht. Würde daher der Zugang zur Partnerschaft gesetzlich offenstehen, würde ein Wertungswiderspruch zur Qualifikation als Handelsgewerbe entstehen.

Zwischen Ärzten erklärt § 23a der MBO einen kooperativen Zusammenschluss für zulässig. Stets zu beachten sind die allgemeinen Voraussetzungen, die eine Kooperation erfüllen muss:

- die eigenverantwortliche und selbständige Berufsausübung der Ärztin oder des Arztes muss gewahrt sein,
- die Verantwortungsbereiche der Partner gegenüber den Patientinnen und Patienten müssen getrennt bleiben,
- medizinische Entscheidungen, insbesondere über Diagnostik und Therapie, trifft ausschließlich die Ärztin oder der Arzt, sofern nicht die Ärztin oder der Arzt nach ihrem oder seinem Berufsrecht den in der Gemeinschaft selbständig tätigen Berufsangehörigen eines anderen Fachberufs solche Entscheidungen überlassen darf,
- der Grundsatz der freien Arztwahl muss gewahrt bleiben,
- die behandelnde Ärztin oder der behandelnde Arzt muss zur Unterstützung in seinen diagnostischen Maßnahmen oder zur Therapie auch andere als die in der Gemeinschaft kooperierenden Berufsangehörigen hinzuziehen dürfen,
- die Einhaltung der berufsrechtlichen Bestimmungen der Ärztinnen und Ärzte, insbesondere die Pflicht zur Dokumentation, das Verbot der berufswidrigen Werbung und die Regeln zur Erstellung einer Honorarforderung, von den übrigen Partnerinnen und Partnern müssen beachtet werden.

Daraus wird auch klar, dass eine fachfremde Beteiligung (das gilt auch für stille Beteiligungen) aller nichtärztlichen Berufe unzulässig ist. Hintergrund dazu ist der Erhalt der Unabhängigkeit der ärztlichen Entscheidung im Patientenverhältnis (§ 30 MBO), sodass weder die gesellschaftsrechtliche Beteiligung, noch das Abschöpfen von Gewinnen aus einer solchen Ärztegesellschaft zulässig ist.

Demgegenüber bestehen auch an den Zusammenschluss besondere Voraussetzungen:

- Gesellschafter müssen beruflich tätige Ärzte oder Angehörige akademischer Heilberufe, staatlich anerkannter Ausbildungsheilberufe, Naturwissenschaftler oder

Angehörige sozialpädagogischer Berufe sein (für diese Art der Leistungserbringergemeinschaft gelten allerdings die besonderen Vorschriften des § 23b MBO),
- dabei muss die Gesellschaft verantwortlich von einem Arzt geführt werden,
- Geschäftsführer müssen mehrheitlich Ärztinnen und Ärzte sein, die Mehrheit der Gesellschaftsanteile und der Stimmrechte Ärztinnen und Ärzten zustehen und
- Dritte dürfen nicht am Gewinn der Gesellschaft beteiligt sein,
- Zudem ist eine ausreichende Berufshaftpflichtversicherung für jeden tätigen Arzt (Gesellschafter) erforderlich.

5.2 Medizinische Kooperationsgemeinschaft mit anderen Heilberufen

Die Musterberufsordnung erklärt in § 23b (in Bayern § 23a BÄO) die Rechtsform der Partnerschaft auch für eine „**Medizinische Kooperationsgemeinschaft**" mit anderen Heilberufen ausdrücklich für zulässig.

§ 23b MBO

Medizinische Kooperationsgemeinschaft zwischen Ärztinnen und Ärzten und Angehörigen anderer Fachberufe

(1) Ärztinnen und Ärzte können sich auch mit selbständig tätigen und zur eigenverantwortlichen Berufsausübung befugten Berufsangehörigen anderer akademischer Heilberufe im Gesundheitswesen oder staatlicher Ausbildungsberufe im Gesundheitswesen sowie anderen Naturwissenschaftlerinnen und Naturwissenschaftlern und Angehörigen sozialpädagogischer Berufe – auch beschränkt auf einzelne Leistungen – zur kooperativen Berufsausübung zusammenschließen (medizinische Kooperationsgemeinschaft). Die Kooperation ist in der Form einer Partnerschaftsgesellschaft nach dem PartGG oder aufgrund eines schriftlichen Vertrages über die Bildung einer Kooperationsgemeinschaft in der Rechtsform einer Gesellschaft bürgerlichen Rechts oder einer juristischen Person des Privatrechts gemäß § 23a gestattet. Ärztinnen und Ärzten ist ein solcher Zusammenschluss im Einzelnen nur mit solchen anderen Berufsangehörigen und in der Weise erlaubt, dass diese in ihrer Verbindung mit der Ärztin oder dem Arzt einen gleichgerichteten oder integrierenden diagnostischen oder therapeutischen Zweck bei der Heilbehandlung, auch auf dem Gebiete der Prävention und Rehabilitation, durch räumlich nahes und koordiniertes Zusammenwirken aller beteiligten Berufsangehörigen erfüllen können. Darüber hinaus muss der Kooperationsvertrag gewährleisten, dass:

a) die eigenverantwortliche und selbständige Berufsausübung der Ärztin oder des Arztes gewahrt ist;
b) die Verantwortungsbereiche der Partner gegenüber den Patientinnen und Patienten getrennt bleiben;
c) medizinische Entscheidungen, insbesondere über Diagnostik und Therapie, ausschließlich die Ärztin oder der Arzt trifft, sofern nicht die Ärztin oder der Arzt nach ihrem oder seinem Berufsrecht den in der Gemeinschaft selbständig tätigen Berufsangehörigen eines anderen Fachberufs solche Entscheidungen überlassen darf;
d) der Grundsatz der freien Arztwahl gewahrt bleibt;
e) die behandelnde Ärztin oder der behandelnde Arzt zur Unterstützung in seinen diagnostischen Maßnahmen oder zur Therapie auch andere als die in der Gemeinschaft kooperierenden Berufsangehörigen hinzuziehen kann;
f) die Einhaltung der berufsrechtlichen Bestimmungen der Ärztinnen und Ärzte, insbesondere die Pflicht zur Dokumentation, das Verbot der berufswidrigen Werbung und die Regeln zur Erstellung einer Honorarforderung, von den übrigen Partnerinnen und Partnern beachtet wird;
g) sich die medizinische Kooperationsgemeinschaft verpflichtet, im Rechtsverkehr die Namen aller Partnerinnen und Partner und ihre Berufsbezeichnungen anzugeben und – sofern es sich um eine eingetragene Partnerschaftsgesellschaft handelt – den Zusatz „Partnerschaft" zu führen. Die Voraussetzungen der Buchstaben a-f gelten bei der Bildung einer juristischen Person des Privatrechts entsprechend.

Der Name der juristischen Person muss neben dem Namen einer ärztlichen Gesellschafterin oder eines ärztlichen Gesellschafters die Bezeichnung „Medizinische Kooperationsgemeinschaft" enthalten. Unbeschadet des Namens sind die Berufsbezeichnungen aller in der Gesellschaft tätigen Berufe anzukündigen.

(2) Die für die Mitwirkung der Ärztin oder des Arztes zulässige berufliche Zusammensetzung der Kooperation im Einzelnen richtet sich nach dem Gebot des Absatzes 1 Satz 3; es ist erfüllt, wenn Angehörige aus den vorgenannten Berufsgruppen kooperieren, die mit der Ärztin oder dem Arzt entsprechend ihrem oder seinem Fachgebiet einen gemeinschaftlich erreichbaren medizinischen Zweck nach der Art ihrer beruflichen Kompetenz zielbezogen erfüllen können.

Hinsichtlich des Zusammenschlusses zwischen Ärzten und Angehörigen anderer Heilberufsgruppen bestehen Einschränkungen des zulässigen Gesellschafterkreises.

Zulässig sind demzufolge medizinische Kooperationsgemeinschaften mit:

- Zahnärzten,
- Psychotherapeuten,
- Diplom-Psychologen,
- Sozial- und Heilpädagogen,
- Pflegefachkräften,
- Klinischen Chemikern

sowie mit Angehörigen einer Reihe staatlich anerkannter, nicht akademischer Heilberufe wie:

- Hebammen,
- Logopäden,
- Ergo- und Physiotherapeuten,
- Orthopädiemechanikern,
- Perfusionsspezialisten (Onkologie),
- Optiker,
- Ernährungsberater,
- Hörgeräteakustiker.

Diese Liste ist jedoch nicht abschließend und erweitert sich anhand der fortwährend neu entstehenden Heilberufe.

Besondere Verbreitung mit mehr als 30 Medizinischen Kooperationsgemeinschaften zwischen Ärztinnen und Ärzten und Angehörigen anderer Fachberufe in der Rechtsform der Partnerschaftsgesellschaft findet die Kooperation von Orthopäden und Physiotherapeuten.

Insbesondere Bayern schränkt den Gesellschafterkreis in § 23a der Berufsordnung für die Ärzte Bayerns noch weiter ein. Ein Zusammenschluss ist mit Ausnahme handwerklicher oder gewerblicher Berufe zulässig. In allen Berufsordnungen ist hingegen der Zusammenschluss mit Heilpraktikern nicht zulässig.

In Bayern besteht zudem der Genehmigungsvorbehalt, wohingegen in anderen Berufsordnungen lediglich die Ankündigung und gegebenenfalls Vorlage der Gesellschaftsverträge vorgeschrieben ist.

Die medizinischen Kooperationen werden auch hinsichtlich der Verfolgung des gemeinsamen Zwecks eingeschränkt. So muss der gemeinsame Zweck durch einen gleichgerichteten oder integrierenden diagnostischen oder therapeutischen Zweck bei der Heilbehandlung, auch auf dem Gebiete der Prävention und Rehabilitation, durch räumlich nahes und koordiniertes Zusammenwirken aller beteiligten Berufsangehörigen ausgestaltet sein.

Aufgrund der Außenankündigung der Gesellschaft ist jedoch ein Betreiben der Tätigkeit an mehreren Standorten möglich. So ist beispielsweise eine kooperative Berufsausübung durch spezialisierte Fachpfleger mit einem Arzt (ebenfalls in der Wundversorgung spezialisiert) in einem gemeinsamen Zentrum für chronische Wunden möglich und sinnvoll. Daneben kann jeder Gesellschafter seine Tätigkeit außerhalb der gemeinsamen Leistungserbringergesellschaft an einem eigenen Praxisstandort ausüben.

Ein weiteres Beispiel ist ein Zusammenschluss von Logopäden mit einer HNO-Ärztin für die gemeinsame Diagnostik und Behandlung von Kindern oder anderen Patientengruppen.

Ein besonders hohes ethisches Beispiel der gemeinsamen Versorgung von Patienten in der Form einer medizinischen Kooperationsgemeinschaft ist die sogenannte SAPV (spezialisierte ambulante Palliativversorgung). In dieser Leistungserbringergesellschaft versorgen und begleiten hochspezialisierte Palliativpflegekräfte mit ebenfalls speziell weitergebildeten Palliativärztinnen und -ärzten sterbende Patienten in ihren letzten Lebenstagen/-wochen und sorgen (zumeist in der häuslichen Umgebung und in Hospizen) für ein schmerzfreies und würdevolles Sterben.

Achtung!

Diese Versorgungsform ist berufsrechtlich lediglich als medizinische Kooperationsgemeinschaft möglich. Auch hier ist an die unterschiedlichen Haftungsrisiken zu denken, welche unten noch detailliert ausgeführt werden.

Soweit Psychotherapeuten (nichtärztlich) und Fachärzte anderer Fachrichtungen (z.B. Psychiater/Neurologen) gemeinsam berufsausübend am Patienten zusammenwirken, ist auch hier eine medizinische Kooperationsgemeinschaft notwendig.

Soweit innerhalb des Systems der Gesetzlichen Krankenversicherung (GKV) sog. „besondere Versorgungsverträge“ (früher „integrierte Versorgungsverträge“ mit Krankenkassen abgeschlossen werden, um gemeinsam fachinterdisziplinär Patienten zu versorgen, soll die sozialrechtlich zulässige Möglichkeit dieser Versorgung nicht darüber hinwegtäuschen, dass eine berufsrechtliche Rechtsgrundlage ebenfalls immer notwendig.

Das interdisziplinäre Zusammenwirken birgt das Risiko einer Angreifbarkeit im Hinblick auf das unzulässige Zuweisen gegen Entgelt in sich, welches berufs-, sozial- sowie mittlerweile auch strafrechtliche Bedeutung hat. Nähere Ausführungen dazu s. Kapitel 5.3.2.

5.3 Kooperation mit anderen (nichtmedizinischen) Berufen

5.3.1 Zulässigkeit

Zwischen Ärzten und anderen Berufsgruppen ist eine interprofessionelle Kooperationsgemeinschaft nach § 23c MBO in allen Rechtsformen zulässig, soweit sie nicht die Heilkunde am Menschen ausüben. Für Berlin und Nordrhein-Westfalen gilt diese Einschränkung nicht, insoweit § 23c MBO nicht umgesetzt wurde. Rheinland-Pfalz gestattet die interprofessionelle Beteiligung lediglich in Form der Partnerschaft.

§ 23c MBO

Beteiligung von Ärztinnen und Ärzten an sonstigen Partnerschaften

Ärztinnen und Ärzten ist es gestattet, mit Angehörigen anderer Berufe als den in § 23b beschriebenen in allen Rechtsformen zusammen zu arbeiten, wenn sie nicht die Heilkunde am Menschen ausüben.

Beispiele für derartige sonstige Partnerschaften mit nicht medizinischen Partnern sind z.B. Zusammenschlüsse aus einem Architekt und einer Ärztin und zum anderen eine Sozietät bestehend aus einem Rechtsanwalt und einer Ärztin und Apothekerin. In beiden Fällen besteht der Gesellschaftszweck nicht in Heilkunde am Menschen, sondern in der Erstellung von Gutachten.

Letztgenannte Kooperation ist nach einem Beschluss des BVerfG vom 12.01.2016 (BVerfG, NJW 2016, 700) auch nach dem anwaltlichen Berufsrecht zulässig, da das Verbot einer gemeinsamen Berufsausübung von Rechtsanwälten mit Ärzten und Apothekern nach § 59a I 1 BRAO durch das BVerfG für verfassungswidrig und daher nichtig erklärt worden ist.

5.3.2 Vorsicht: „Kick-Backs" – Zuweisung gegen Entgelt

Der Zusammenschluss von fachinterdisziplinären Berufsgruppen birgt das Risiko einer unzulässigen Beteiligung an überweisungsverursachten wirtschaftlichen Beteiligungen an nichtärztlichen Fremdleistungen. Insoweit darf eine Beteiligung an der nichtärztlichen Fremdleistung nicht aus dem (primären) Grund der wirtschaftlichen Interessen des Verordners (Arzt) erfolgen, sondern stellt eine Zielrichtung der gemeinsamen medizinischen Leistungserbringung dar. Hier hilft es herauszufinden, welches medizinische Konzept der gemeinsamen Tätigkeit zugrunde liegt, was sich regelmäßig im medizinischen Mehrwert für den Patienten wiederspiegelt. Liegt im Umkehrschluss kein solcher Mehrwert vor und wäre dieselbe Leistung lediglich durch eine Überweisung zu erreichen, besteht die Gefahr, dass hierin eine unzulässige Zuweisung gegen Entgelt gesehen wird, welche in der Gewinnbeteiligung am gemeinsamen Unternehmen besteht. Diese Art der unzulässigen Betätigung verstößt nicht nur gegen § 31 MBO, sondern auch gegen § 128 SGB V (im vertragsärztlichen Bereich), sowie gegen § 299a StGB (Bestechung und Bestechlichkeit im Gesundheitswesen).

Eine Beteiligung eines HNO-Arztes an einem Hörgeräteakustikerunternehmen ist somit nicht legal, wenn dabei lediglich der Zweck verfolgt wird, durch die Zuweisung (Überweisung) von Patienten am wirtschaftlichen Erfolg des Hörgeräteakustikers zu partizipieren. Anders stellt sich der Sachverhalt dann dar, wenn man – in der Regel auf eine bestimmte Patientengruppe beschränkt – beispielsweise Kinder und Jugendliche gemeinsam diagnostiziert, behandelt, monitoriert oder anderweitig medizinisch versorgt und begleitet. Daher ist das medizinische Konzept von besonderer Bedeutung, da dies allein den Vorwurf der reinen wirtschaftlichen Partizipation an der Zuweisung des Patienten entkräften kann. Da es sich bei der medizinischen Kooperationsgemeinschaft um eine Leistungserbringergemeinschaft handelt, ist auch hier eine Ankündigung nach außen notwendig – es bedarf also auch zumindest an einem Standort der gemeinsamen Tätigkeit auch eines gemeinsamen Praxisschildes.

Neben der Beachtung der „Kick-Back"-Regelungen ist auch das Wahlrecht des Patienten von besonderer Bedeutung. Gerade bei gemeinsamer Berufsausübung am Patienten und der wirtschaftlichen Partizipation an der interdisziplinären Leitung des Mitgesellschafters ist darauf zu achten, dass Patienten auf die Möglichkeit der Ausübung ihres Wahlrechts hingewiesen werden und dieses im Zweifel auch durch Dokumentation nachgewiesen werden kann. Eine Nichtbeachtung dieses vom BGH festgestellten Wahlrechts stellt einen Wettbewerbsverstoß dar, welcher wiederum ein Tatbestandsmerkmal im Sinne des Strafrechts beim Vorwurf der Bestechlichkeit (Zuweisung gegen Entgelt) darstellt. Insoweit sollte darauf geachtet werden, dass in medizinischen Kooperationsgemeinschaften besonders auf das Wahlrecht der Patienten Rücksicht genommen wird.

6. Haftung der Partnerschaftsgesellschaft

6.1 Haftung bei der Partnerschaftsgesellschaft

Die Haftung der Partner richtet sich nach § 8 PartGG und umfasst die gesamtschuldnerische, persönliche Haftung aller Partner mit ihrem Privatvermögen für die Verbindlichkeiten der Partnerschaft. Ausgenommen hiervon ist die Haftung für Bearbeitungsfehler, d.h. für Fehler in der Berufsausübung. Von der Privilegierung nach § 8 Abs. 2 PartGG erfasst werden alle Schadensersatzansprüche wegen einer Pflichtverletzung hinsichtlich Geschäftsbesorgungs-, Dienst- oder Werkverträgen, für die der Partner einzustehen hat.

Darüber hinaus kommen aber auch deliktische Ansprüche in Betracht, die im Zusammenhang mit der Leistung stehen, soweit der Partner analog § 31 BGB haftet.

Die Haftung folgt entsprechend der Haftung der GbR-Gesellschafter dem Akzessorietätsgrundsatz. Eine vertragliche Beschränkung der Haftung im Partnerschaftsvertrag gegenüber Dritten (Außenverhältnis) ist dabei unwirksam. Unberührt hiervon bleibt die vertragsgestaltende Möglichkeit, die Haftungsverhältnisse im Innenverhältnis anderweitig zu gestalten. Dies ist auch dringend zu empfehlen, insbesondere wenn aufgrund der unterschiedlichen Fachgruppen die Haftungsrisiken voneinander abweichen. Dies hat üblicherweise auch Kosteneinsparungen bei Haftpflichtversicherern zufolge.

In welchem Umfang die Einstandspflicht zu erfolgen hat, ist hingegen ungeklärt. Folgt man der richterlichen Rechtsprechung kommt es auf eine Interessenabwägung an. In der Folge kommen für freiberufliche Leistungspflichten unmittelbare Erfüllungsansprüche der Gläubiger gegen die Partner in Betracht, jedenfalls soweit sich die Leistung auf den ausgeübten Beruf bezieht. Bei interprofessionellen Kooperationen begrenzt sich die Leistungspflicht auf die Einstandspflicht in Geld für die Partner anderer Professionen.

Sobald ein weiterer Partner der Partnerschaft beitritt, muss auch dieser für Altverbindlichkeiten haften, § 8 Abs. 1 S. 2 PartGG i.V.m. § 130 HGB. Eine Haftung in entsprechender Anwendung des § 28 HGB wird jedoch abzulehnen sein. Zwar sprechen die Vergleichbarkeit der Lage des Eintretenden und die Annäherung an das Recht der OHG für eine Analogie, jedoch hat der BGH eine Analogie bereits für die Freiberufler-GbR angelehnt, sodass eine entsprechende Gleichbehandlung der Partnerschaft zu erwarten ist.

Tritt ein Partner hingegen aus der Partnerschaft aus, bestimmt sich seine Nachhaftung nach § 10 Abs. 2 PartGG i.V.m. § 160 HGB. Demzufolge hat der Partner für Verbindlichkeiten, die bis zu seinem Austreten entstanden sind, weitere fünf Jahre zu haften.

Die Höhe der Haftung kann gem. § 8 Abs. 3 PartGG berufsrechtlich eingeschränkt werden. Voraussetzung hierfür ist, die Zulässigkeit in einem formellen, auf bestimmte Freie Berufe bezogenen Gesetz; die Beschränkung muss sich auf die Haftung für **Ansprüche aus fehlerhafter Berufsausübung** beziehen und die Haftung der Partnerschaft im Übrigen unberührt lassen und es muss eine gesetzliche Pflicht der den jeweiligen Freien Beruf ausübenden Partner oder der Partnerschaft zum Abschluss einer **Berufshaftpflichtversicherung** bestehen.

Soweit keine berufsrechtlichen Regelungen vorhanden sind, kommen auch individuelle Abreden mit den Gläubigern in Betracht. Zu beachten wäre dabei jedoch, dass aufgrund der Vorformuliertheit die Begrenzung mit Hinblick auf die §§ 305 ff. BGB angemessen sein muss.

Das Berufsrecht muss die besonderen Voraussetzungen hinsichtlich des Umfangs und der Höhe abzuschließender Versicherungen eigenständig regeln. Ebenfalls vom Regelungsinhalt betroffen ist dadurch, ob die maßgeblichen Berufsgruppen überhaupt Zugang zum Haftungsprivileg erhalten.

6.2 Haftung bei der Partnerschaft mit beschränkter Berufshaftung

Die Partnerschaft mit beschränkter Berufshaftung ist gegenüber der Partnerschaft eine eigenständige Rechtsform. Sie soll die Möglichkeit der Partnerschaft eröffnen, die Außenhaftung aufgrund fehlerhafter Berufsausübung haftungstechnisch auf das Gesellschaftsvermögen zu begrenzen, ohne dafür eine eigenständige Vereinbarung mit den Gläubigern treffen zu müssen.

Die reine Partnerschaft bot bis zur Einführung der PartGmbB keine praktikable Möglichkeit zur Haftungsbeschränkung für Freiberufler, denn neben der Partnerschaft haftete stets zusätzlich der mit der Auftragsausführung befasste Partner persönlich. Der Gesetzgeber hat hier im Jahr 2013 mit dem „Gesetz zur Einführung einer Partnerschaftsgesellschaft mit beschränkter Berufshaftung für Rechtsanwälte und andere Angehörige freier Berufe“ (BGBl I 2013, 2386) bezüglich dieses Problems

Abhilfe geschaffen und grundsätzlich den Weg für eine wirksame Haftungsbeschränkung eröffnet.

Vielen Freiberuflern bleibt aus berufsrechtlichen Gründen die Nutzung einer GmbH & Co KG als Personengesellschaft versperrt, die ebenfalls als Personengesellschaft eine Haftungsbeschränkung ermöglicht. Für Wirtschaftsprüfer und Steuerberater ist dies zwar gem. BGH möglich, allerdings ist eine Steuerberatungs-GmbH & Co KG laut BFH ebenfalls gewerbesteuerpflichtig, da nicht alle Mitunternehmer (die Komplementär-GmbH) selbst freiberufliche Berufsträger sind.

Mit der PartGmbB ist im deutschen Recht eine Personengesellschaft als echte Alternative zur Limited Liability Partnership (LLP) geschaffen worden, indem sie für die Freien Berufe eine generelle Beschränkung der Berufshaftung mit dem Privatvermögen ermöglicht, ohne dass hierzu eine Kapitalgesellschaft erforderlich ist. Insbesondere wegen der Gewerbesteuer für Kapitalgesellschaften sind Freiberufler überwiegend in Personengesellschaften organisiert.

Seit der Möglichkeit, die Partnerschaft mit beschränkter Berufshaftung zu gründen, ist der Anteil der Partnerschaften mit beschränkter Berufshaftung an den insgesamt bestehenden Partnerschaftsgesellschaften kontinuierlich gestiegen (s. die nachfolgende Abbildung – nach Lieder/Hoffmann: Rechtstatsachen zur Partnerschaftsgesellschaft mit und ohne beschränkte Berufshaftung (NZG 2017, 325)).

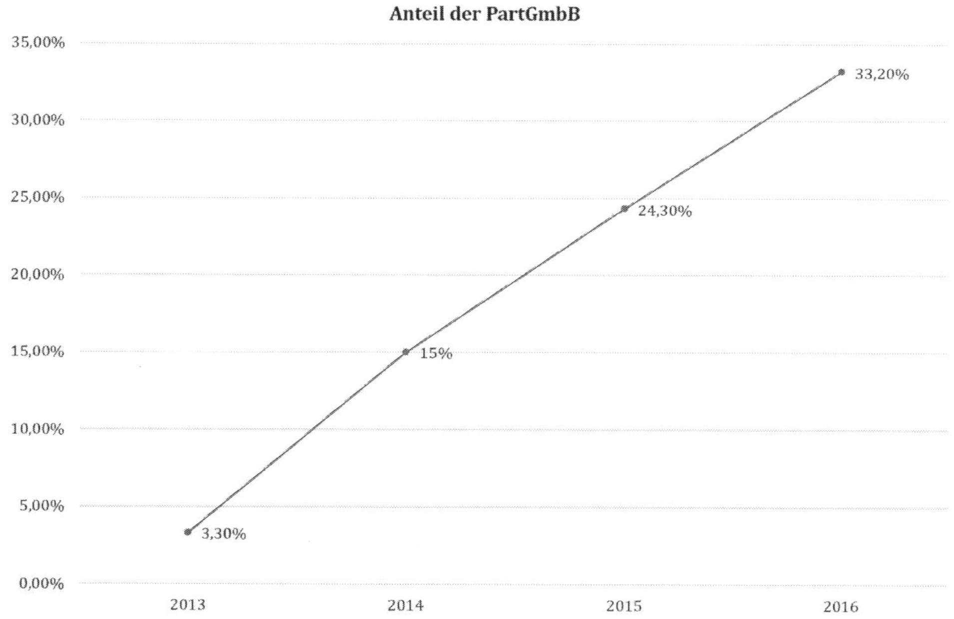

Da die Partnerschaftsgesellschaft mit beschränkter Berufshaftung nur eine Variante der Partnerschaftsgesellschaft ist, können sich zwar grundsätzlich alle Angehörigen derjenigen Freien Berufe zur Berufsausübung zusammenschließen, denen auch bisher schon die Partnerschaftsgesellschaft offenstand. Das sind gemäß § 1 PartGG unter anderem Ärzte, Rechtsanwälte, Patentanwälte, Wirtschaftsprüfer, Steuerberater, beratende Volks- und Betriebswirte, vereidigte Buchprüfer, Ingenieure, Architekten und Sachverständige.

Die beschränkte Berufshaftung setzt aber das Unterhalten einer besonderen Haftpflichtversicherung voraus, wobei das PartGG insoweit auf die berufsrechtlichen Regelungen der einzelnen Freien Berufe verweist.

Damit steht die PartGmbB bisher in der Praxis nur den beratenden Ingenieuren, Rechtsanwälten und Patentanwälten sowie den Steuerberatern und Wirtschaftsprüfern zur Verfügung. Weitere Freie Berufe können nur folgen, sofern ihr Berufsrecht eine Regelung für eine besondere Haftpflichtversicherung trifft.

Bei der neu eingeführten PartGmbB ist gemäß § 8 Abs. 4 S. 1 PartGG gegenüber den Gläubigern eine Haftung für aus fehlerhafter Berufsausübung entstehende Schäden auf das Gesellschaftsvermögen beschränkt. Eine persönliche Haftung des einzelnen Partners ist ausgeschlossen.

Die persönliche Haftung der Partner für sonstige Verbindlichkeiten bleibt jedoch bestehen. Zu diesen Verbindlichkeiten zählen beispielsweise die Bezüge der Mitarbeiter, Mieten oder Versicherungsbeiträge.

Der Name der Partnerschaft muss gemäß § 8 Abs. 4 S. 3 PartGG den Zusatz „mit beschränkter Berufshaftung“, die Abkürzung „mbB“ oder eine andere allgemein verständliche Abkürzung dieser Bezeichnung enthalten.

Im Vergleich zur bisherigen Partnerschaftsgesellschaft müssen dabei vor allem zwei zusätzliche Voraussetzungen erfüllt sein:

- der Nachweis des Abschlusses der gesetzlich angeordneten, besonderen Berufshaftpflichtversicherung für die Gesellschaft,
- sowie ein Namenszusatz, der die beschränkte Berufshaftung nach außen erkennen lässt.

Bei einer PartGmbB haftet für Verbindlichkeiten der Partnerschaft aus Schäden wegen fehlerhafter Berufsausübung ausschließlich das Gesellschaftsvermögen. Die bei der unbeschränkt haftenden Partnerschaftsgesellschaft zusätzlich eintretende, gesamtschuldnerische persönliche Haftung des mit dem Auftrag tatsächlich befassten Partners entfällt also.

Die Haftungsbeschränkung der PartGmbB erfasst allerdings nur solche Verbindlichkeiten, die in unmittelbarem Zusammenhang mit der Berufsausübung im Rahmen der Partnerschaft stehen, nicht aber Verbindlichkeiten, die Partner im eigenen Namen eingehen. Ebenso wenig erstreckt sich die Haftungsbeschränkung auf Verbindlichkeiten etwa aus Miet- oder Arbeitsverträgen, der Bestellung von Büromaterial u.ä.

Unsicherheiten ergeben sich bei der Frage, ob deliktische Ansprüche (§§ 823 ff. BGB – Schadensersatzansprüche wegen Körperverletzung) auch von dem Haftungsprivileg umfasst sind. Da es sich bei der ärztlichen Tätigkeit grundsätzlich um eine gefahrgeneigte Tätigkeit handelt, welche im Rahmen der Berufsausübung deliktische Ansprüche nach sich ziehen kann, geht die Mehrheit davon aus, dass gerade diese Ansprüche von dem Haftungsprivileg umfasst sind. Voraussetzung ist natürlich, dass einerseits eine auf die begrenzte Haftungssumme abgeschlossene Berufshaftpflichtversicherung besteht und dass dies auch berufsrechtlich möglich ist, indem die Regelung in der geltenden Berufsordnung für Ärzte enthalten ist.

Tipp! Im Rahmen des Abschlusses einer Berufshaftpflichtversicherung sollte darauf geachtet werden, dass Ansprüche aus deliktischer Haftung von der Berufshaftpflichtversicherung in der entsprechenden Höhe explizit abgedeckt sind.

Die Haftungsbeschränkung gilt für alle Auftragsverhältnisse, die nach der Eintragung der PartGmbB im Partnerschaftsregister des Amtsgerichts begründet werden. Auf bereits bestehende Auftragsverhältnisse erstreckt sie sich nur dann, wenn die Auftraggeber über den Eintritt der Haftungsbeschränkung für zukünftige berufliche Fehler informiert werden und in die Beschränkung ausdrücklich einwilligen. Diese Einwilligung sollte aus Beweisgründen unbedingt in schriftlicher Form erteilt werden. Bereits entstandene Haftungsansprüche bleiben durch die Haftungsbeschränkung in jedem Fall unberührt.

7. Partnerschaftsgesellschaft mit beschränkter Berufshaftung

7.1 Gründung einer Partnerschaftsgesellschaft mit beschränkter Berufshaftung

Die Neugründung einer Partnerschaftsgesellschaft mit beschränkter Berufshaftung setzt – wie bei der Partnerschaftsgesellschaft – den Abschluss eines entsprechenden

Partnerschaftsvertrages zwischen mindestens zwei Freiberuflern voraus, dessen Inhalt und Form sich aus § 3 PartGG ergeben.

Der Vertrag muss:

- schriftlich geschlossen werden,
- den Namen und Sitz der Partnerschaft,
- die Namen, Vornamen, Wohnorte und in der Partnerschaft ausgeübten Berufe aller Partner und zudem
- den Gegenstand der Partnerschaft beinhalten.

Einer anfänglichen Kapitaleinlage bedarf es nicht. Im Verhältnis zu Dritten wird die PartGmbB erst mit ihrer Eintragung in das Partnerschaftsregister wirksam. Die Anmeldung zu diesem Register muss in öffentlich beglaubigter Form durch alle Partner eingereicht werden, wobei zugleich der Nachweis der erforderlichen Haftpflichtversicherung zu erbringen ist (s. Kap. 7.4 Berufshaftpflichtversicherung).

Die Berufsbezeichnung:

- „Steuerberater",
- „Rechtsanwalt",
- „Wirtschaftsprüfer",
- „Architekt",
- „Innenarchitekt",
- „Landschaftsarchitekt",
- Beratender Ingenieur",
- „Stadtplaner"

darf im Namen der Gesellschaft dabei nur dann geführt werden, wenn die Gesellschaft darüber hinaus auch in das bei der bei der jeweiligen Berufskammer geführte Gesellschaftsverzeichnis eingetragen ist. Hierzu muss der Partnerschaftsvertrag zusätzlich zu den o.g. Angaben auch den Passus enthalten, dass die für die Berufsangehörigen geltenden Berufspflichten von der Gesellschaft beachtet werden, §§ 8 Abs. 2 Nr. 7; 10 BauKaG NRW.

Der Antrag auf Eintragung in das Gesellschaftsverzeichnis bei der Berufskammer kann dabei grundsätzlich parallel zum Eintragungsantrag beim Registergericht gestellt werden.

Mit der Anmeldung zur Eintragung in das Kammerverzeichnis einzureichen sind dabei:

- eine einfache Kopie des Partnerschaftsgesellschaftsvertrages,

- eine Kopie der öffentlich beglaubigten Anmeldung zum Partnerschaftsregister,
- der Nachweis einer ausreichenden Haftpflichtversicherung für die Gesellschaft und
- die Kopie des Überweisungsbelegs der anfallenden Registrierungsgebühr (wegen Details s. die jeweilige Berufskammer).

7.2 Umwandlung bestehender Gesellschaften

Soll eine bestehende Partnerschaftsgesellschaft zukünftig in Form einer PartGmbB geführt werden, bedarf es dazu keines neuen Gesellschaftsvertrages. Vielmehr genügt eine Beschlussfassung zur Änderung des geltenden Partnerschaftsvertrages mit dem Inhalt, die Partnerschaft künftig als eine solche mit beschränkter Berufshaftung fortzuführen. Der Beschluss ist mit der nach dem Vertrag erforderlichen Mehrheit der Partner in schriftlicher Form zu fassen. Die entsprechende Änderung ist beim Partnerschaftsregister zur Eintragung anzumelden, wobei das Bestehen der notwendigen Haftpflichtversicherung (s. Kap. 7.4) nachzuweisen ist und vom Gericht geprüft wird.

Besteht bislang eine GbR, kann diese nur durch erstmaligen Abschluss eines Partnerschaftsvertrages in die Rechtsform einer PartGmbB überführt werden. Dies geschieht i.d.R. mittels Änderung des bisherigen Gesellschaftsvertrages und damit durch einen sog. identitätswahrenden, zivil- und steuerrechtlich neutralen Formwechsel.

7.3 Anforderung an den Namen der Gesellschaft bei der PartGmbB

Der Name der Gesellschaft und deren Geschäftskorrespondenz muss den Zusatz „mit beschränkter Berufshaftung“ bzw. die Abkürzung „mbB“ oder eine andere allgemein verständliche Abkürzung dieser Bezeichnung enthalten. Enthalten sein müssen überdies:

- der Name mindestens eines Partners,
- der Zusatz „und Partner“ oder „Partnerschaft“ sowie
- die Berufsbezeichnungen aller in der Partnerschaft vertretenen Berufe.

Die Partnerschaft muss den Rechtsformzusatz „Partnerschaft mit beschränkter Berufshaftung“ führen. Zulässig sind dabei die Abkürzungen „PartmbB“ oder „PartGmbB“.

Denkbare Varianten sind also beispielsweise:

- „XY Ärzte Partnerschaft mit beschränkter Berufshaftung",
- „XY Ärzte und Zahnärzte PartG mit beschränkter Berufshaftung",
- „XY Augenärzte Partnerschaft mbB" oder auch
- „XY Kinderärzte PartGmbB".

Regionale standesrechtliche weitere Einschränkungen bzw. Auflagen sollten im Vorfeld der Anmeldung mit der regionalen Ärztekammer geklärt werden.

In der Praxis wurden auch bereits Partnerschaftsgesellschaft mbB mit dem Zusatz „GmbB" eingetragen, ohne dass die Abkürzung „Part" unmittelbar mit dem Zusatz „GmbB" verknüpft worden ist. Dies ist unschädlich, wenn sich aus dem gesamten Namen mit hinreichender Deutlichkeit ergibt, dass es sich bei der Sozietät um eine haftungsbeschränkte Partnerschaft handelt, wie z.B. bei „Ärzte Dr. Freimuth und Partner GmbB". Soweit also die Abkürzung „GmbB" in Verbindung mit einem Hinweis auf eine Partnerschaft verwendet wird, sei es durch die Abkürzung „Part" oder die Bezeichnungen „Partner" oder „Partnerschaft", erfüllt der Namenszusatz die Voraussetzungen des § 8 IV 3 PartGG. Eine Verwechslung mit der GmbH steht dann nicht zu befürchten (vgl. Lieder/Hoffmann, NZG 2017, 325).

7.4 Berufshaftpflichtversicherung

Die Haftungsbeschränkung setzt überdies zwingend den Abschluss einer Berufshaftpflichtversicherung für die PartGmbB voraus, die für Schäden wegen fehlerhafter Berufsausübung haftet. Diese Versicherung ist für die Dauer der Eintragung der PartGmbB im Gesellschaftsverzeichnis der Berufskammer und darüber hinaus mindestens für eine fünfjährige Nachhaftungszeit aufrechtzuerhalten.

Die Versicherungsbescheinigung muss nach der geltenden Rechtsprechung (OLG Hamm, Beschluss vom 31.07.2014, I 27 W 88/14) u.a. unbedingt die Versicherungssumme und die der Versicherung zugrunde liegenden berufsrechtlichen Vorschriften erkennen lassen.

Mit dem Abschluss einer solchen Versicherung für die Partnerschaftsgesellschaft genügen die Partner zugleich auch ihrer berufsrechtlichen Pflicht, sich ausreichend gegen Haftpflichtansprüche zu versichern. Der Abschluss einer zusätzlichen Versicherung für die einzelnen Partner ist daher nicht zwingend erforderlich, sofern die Partner daneben nicht eigenständig tätig sind. Selbst wenn die Partner daneben nicht eigenständig tätig sind, sollte vorsorglich erwogen werden, ob der Abschluss einer parallelen Versicherung womöglich dennoch sinnvoll ist, um im Einzelfall verbleibende Haftungsrisiken abzufedern.

Die Partnerschaft mit beschränkter Berufshaftung entsteht erst mit Eintragung in das Partnerschaftsregister.

Besteht bereits eine Gesellschaft, folgt die Entstehung aus der Umwandlung einer bereits bestehenden Gesellschaft erst, wenn neben dem erforderlichen Versicherungsvertrag zusätzlich auch eine Änderung des Partnerschaftsvertrages im Wege des Gesellschafterbeschlusses erfolgt ist – insoweit man die Änderung als Grundlagenentscheidung betrachtet.

Soweit die Voraussetzungen für die beschränkte Berufshaftung tatsächlich nicht vorliegen, bleibt es bei der Ausgestaltung als Partnerschaft.

Unberührt von dem Haftungsprivileg bleibt die Haftung der Partner im Innenverhältnis. Voraussetzung der Haftungsbeschränkung ist der Abschluss einer durch **Gesetz** vorgegebenen Haftpflichtversicherung durch die Gesellschaft. Für Heilberufler haben noch nicht viele Landesgesetzgeber von der Möglichkeit Gebrauch gemacht.

Bayern reguliert durch Art. 18 Abs. 2 BayHKaG für Heilberufe eine Mindestversicherungssumme in Höhe von 5 Mio. € pro Schadensfall bzw. 20 Mio. € pro Jahr, die sich bei mehr als vier Partnern um 5 Mio. € pro Partner erhöht.

Niedersachsen regelt in § 32 Abs. 4 Kammergesetz für die Heilberufe (in der Fassung vom 08.12.2000 (Nds. GVBl. S. 301), zuletzt geändert durch Gesetz vom 15.09.2016 (Nds. GVBl. S. 192)) (HKG) für Heilberufe eine Mindestversicherungssumme in Höhe von 5 Mio. € pro Schadensfall.

Die Leistungen des Versicherers für alle innerhalb eines Versicherungsjahres verursachten Schäden können auf den Betrag der Mindestversicherungssumme, vervielfacht mit der Zahl der Partnerinnen und Partner, begrenzt werden. Die Jahreshöchstleistung für alle in einem Versicherungsjahr verursachten Schäden muss sich jedoch mindestens auf den vierfachen Betrag der Mindestversicherungssumme belaufen.

In den restlichen Bundesländern ist es Aufgabe der Landesgesetzgebung mit Hinblick auf interprofessionelle Kooperationen gerechte Voraussetzungen hinsichtlich der Anforderungen an die Haftpflichtversicherung zu treffen. Zum aktuellen Stand der Umsetzung wenden Sie sich bei Bedarf an ihre regional zuständige Landesärztekammer (s. Kap. 11).

In Mecklenburg-Vorpommern wurde (wohl irrtümlich) eine Tierarztsozietät mit dem Zusatz „mbB" in das Partnerschaftsregister eingetragen, obwohl das MVHeilBerG eine derartige Möglichkeit gar nicht vorsieht. Unabhängig von einer bestehenden Berufshaftpflichtversicherung erfahren die Gesellschafter daher keine Haftungsbeschränkung, sondern haften wie die Partner einer regulären Partnerschaftsgesellschaft (ohne beschränkte Berufshaftung) gem. § 8 I PartGG unbeschränkt mit ihrem Privatvermögen.

Bei interprofessionellen Kooperationen stellt sich zudem weiterhin die Frage, welches Berufsrecht maßgeblich ist, wenn diese nicht im Einklang stehen. Grundsätzlich gilt, dass jeder Berufsträger seinem eigenen Berufsrecht unterliegt und sich an dieses zu halten hat. Betrifft die maßgebliche Pflicht die Beteiligten interprofessionell, gilt hingegen das strengere Berufsrecht. Im Einzelfall ist jedoch nach Art der Berufspflicht zu unterscheiden, da die Berufsgesetze regelmäßig neben zivilrechtlichen Regelungen auch öffentlich-rechtliche Vorschriften enthalten. Soweit die Vorschrift demnach an den Vertragstyp anknüpft, ist in der Folge das Recht maßgeblich, auf das sich der Vertrag schwerpunktmäßig bezieht, ohne dass es auf das strengere Recht ankäme. Hinsichtlich des Versicherungsschutzes gilt, dass dieser an die Partnerschaft anknüpft und sich dieser daher aus dogmatischen Erwägungen an den strengsten Vorschriften zu orientieren hat. Abschließend geklärt sind diese Fragen jedoch nicht.

Im Falle interprofessioneller Kooperationen kann dies dazu führen, dass im Einzelfall Professionen einen höheren Versicherungsschutz benötigen, als berufsrechtlich vorgesehen.

8. Partnerschaftsgesellschaftsvertrag

8.1 Musterverträge

Auf den Abdruck eines „Mustervertrages“ wird hier bewusst und ausdrücklich verzichtet (s. kommentierte Musterverträge bei Schlegel (Hrsg.), Musterverträge im Gesundheitswesen – Hüthig Jehle Rehm Verlag (ständig aktualisiert)). Diese werden zwar zum Teil von Berufsverbänden oder anderen Dritten zum Download angeboten, führen in der Praxis jedoch regelmäßig zu rechtlichen und praktischen Problemen, da sie häufig die Aktualität vermissen lassen, vor allem jedoch der Individualität der Ausgestaltung für die individuelle Praxis nicht Rechnung tragen können.

Verträge sollten die Interessen der Gesellschafter abbilden, welche gerade im ambulanten Bereich mit einer Auswirkung auf den privaten Lebensbereich die persönlichen Lebensphasen berücksichtigen sollten. Dies hat Auswirkung auf die Frage der finanziellen Leistungsfähigkeit, den Abfindungs- und Ausstiegsregelungen, dem Schicksal der Zulassung, usw.

Insoweit dienen Musterverträge einer Orientierung, sollten aber immer individuell ausgestaltet werden. Außerdem sollte in Betracht gezogen werden, dass die gemeinsame Leistungserbringung auf einen längeren Zeitraum angelegt ist und daher die vertragliche Grundlage eine langfristige Zufriedenheit aller Gesellschafter antizipieren sollte. Das bedeutet auch, dass sogenannte „Kerngesellschafterrechte" Berücksichtigung finden sollten, welche immer einvernehmlich von den Vertragspartnern ausgeübt werden müssen – auch und gerade unabhängig von der jeweiligen Höhe der Beteiligung am Gesellschaftsvermögen.

Das wird häufig übersehen und es besteht – auch und gerade bei der GbR – oft das Bedürfnis, die Mehrheit der Gesellschaftsanteile und Stimmrechte zu halten. Wenn das aber an der gemeinschaftlichen Entscheidungsnotwendigkeit beispielsweise für Investitions-, Personal-, Standortangelegenheiten (Miete) keinen Einfluss hat, sollte der Vertrag so angelegt sein, dass er streitbeilegend und gegebenenfalls streitvermeidend ist. Dies ist bei vielen Musterverträgen nicht der Fall, da sie die individuellen Gegebenheiten nicht kennen und daher auch nicht berücksichtigen können – sie dienen einer Grundstruktur, die es individuell auszugestalten gilt.

In der Praxis sollte dem Abschluss eines Partnerschaftsvertrages stets und ausnahmslos die individuelle rechtliche Beratung eines auf Medizinrecht spezialisierten Rechtsanwaltes vorausgehen, um den individuellen Bedürfnissen der Partner vor dem Hintergrund des standesrechtlich zulässigen zu entsprechen. Vermeintlich „ersparte" Rechtsberatung in diesem Punkt rächt sich in der Praxis oftmals später bitter.

8.2 Inhalte eines Gesellschaftsvertrags

Als regelungsbedürftige Mindestinhalte sollte ein Partnerschaftsvertrag jedoch folgende Bestandteile enthalten:

- Parteien des Vertrages (alle an der Gesellschaft Beteiligten sollten im Rubrum aufgeführt sein und den Vertrag am Ende auch unterzeichnen. Ein reiner „Beitrittsvertrag, wie manchmal anzutreffen, sollte vermieden werden, da nicht alle Rechte und Pflichten aus dem Vertrag für den Beitretenden offenbar werden).
- Präambel und Zweck der Gesellschaft (Schilderung des Vorhabens, damit für Dritte das Ziel, die Zwecke und die eventuellen Schritte der Umsetzung unmissverständlich sind).

- Name und Sitz der Gesellschaft.
- Einlagen der Gesellschafter und Zeitpunkt des Inkrafttretens (soweit der Vertrag von rechtswirksamen Zulassungen durch den Zulassungsausschuss abhängt, sollte er unter dem Vorbehalt stehen, dass dies auch eintritt).
- Eintritt in bestehende Vertragsverhältnisse (falls übernommen).
- Inventarverzeichnis (wichtig für die Frage, was der Gesellschaft gehört, da es auch „Sonderbetriebsvermögen" nur im Eigentum eines Gesellschafters geben kann, das gegebenenfalls der Gesellschaft gar nicht, entgeltlich oder kostenfrei zur Verfügung gestellt wird).
- Mietvertrag (Regelungen in Verbindung mit dem Mietvertrag sind sinnvoll, um beispielsweise Kündigungsfristen aus dem Gesellschaftsvertrag mit dem Mietvertrag zu synchronisieren).
- Patientenkartei (falls eingebracht wird von einem Gesellschafter, Einsichtsrechte, Verwahrungs- und Zugriffsrechte).
- Beteiligung am Gesellschaftsvermögen (Gesellschaftsanteile und Stimmrechte).
- Gesellschafterversammlung und -beschlüsse.
- Beteiligungshöhe an Gewinn und Verlust.
- Entnahmeregelungen (Vorabentnahmen, gegebenenfalls auch Vorabgewinn, Kapitalkonten).
- Geschäftsführung und Vertretung der Gesellschaft (auch Limitierung der Vertretungsbefugnis ist regelmäßig wichtig).
- Definition der Einnahmen und der Kosten der Gesellschaft (insbesondere Definition der persönlichen Kosten, die jeder Gesellschafter selbst trägt – z.B. Versorgungswerk, Krankenversicherung, Pkw, ...).
- Gemeinsame Berufsausübung, Vertretung.
- Haftung (Innen- und Außenverhältnis).
- Umgang mit ärztlichem und nichtärztlichem Personal.
- Haftpflichtversicherung.
- Bankkonten.
- Freie Arztwahl (Gewährleistung).
- Tätigkeitszeiten/Sprechstunden (gegebenenfalls Berücksichtigung weiterer Tätigkeiten wie OP-Zeiten, Nebentätigkeiten o.ä.).
- Urlaub und Fortbildung.
- Geschäftsjahr.
- Buchführung.
- Kapitalkonten.
- Dokumentation ärztlicher Tätigkeit.

- Aufnahme weiterer Gesellschafter.
- Dauer der Gesellschaft.
- Kündigung, Rechtsfolgen (gegebenenfalls Fortsetzungsoption der verbleibenden Gesellschafter).
- Ausscheidensregelungen wegen Tod, Berufsunfähigkeit, Ausschluss.
- Abfindungsregelungen.
- Konkurrenzschutz und Vertragsstrafenregelung.
- Probezeit („Gesellschaft auf Probe", begrenzt möglich).
- Kosten.
- Schriftform
- Sonstiges.

9. Anmeldung und Eintragung im Partnerschaftsregister

Ablauf der Errichtung einer Partnerschaftsgesellschaft:

Die Eintragung einer Partnerschaft erfolgt gemäß § 5 Abs. 2 PartGG i.V.m. § 12 Abs. 1 HGB:

- aufgrund einer Anmeldung (= Antrag zur Eintragung*)*, welche dem Registergericht
- elektronisch und
- in öffentlich beglaubigter Form (§ 129 BGB, §§ 39 f. BeurkG) eingereicht werden muss.

Zur Eintragung ist also grundsätzlich eine **Notarin/Notar** erforderlich.

Sowohl die Anmeldungen als auch die zusätzlichen Dokumente und Unterlagen sind elektronisch über das elektronisches Gerichts- und Verwaltungspostfach (EGVP) einzureichen, § 5 Abs. 2 PartGG § 12 HGB.

Dem Partnerschaftsregister sind zu entnehmen:

- Name, Sitz und Gegenstand der Partnerschaft,
- die Berufsbezeichnungen aller zur Partnerschaft gehörenden Berufe,
- die an der Partnerschaft beteiligten Partner nebst Vertretungsbefugnis,

- die Eröffnung, Einstellung oder Aufhebung des Insolvenzverfahrens,
- die Auflösung der Partnerschaft,
- das Erlöschen der Partnerschaft.

Erforderlich für die Eintragung ist eine von allen Partnern unterzeichnete und von einem Notar unterschriftsbeglaubigte Anmeldung (vgl. § 12 HGB). Für den Fall der Erstanmeldung einer Partnerschaft ist dringend zu beachten, dass es sich bei der Partnerschaft mit beschränkter Berufshaftung nach wie vor um eine Partnerschaft handelt und nicht um eine besondere Rechtsform. In das Partnerschaftsregister wird also als Rechtsform nur der Begriff „Partnerschaft“ eingetragen und es ist nur die Partnerschaft zur Eintragung anzumelden.

Sollte die Partnerschaft bereits im Partnerschaftsregister eingetragen sein und es soll nachträglich die Berufshaftung vermerkt werden, so genügt es, wenn alle Partner die Änderung des Namens der Partnerschaft (= Hinzufügen eines Haftungszusatzes) in der Form des § 12 HGB anmelden. Es entsteht in diesem Fall jedoch keine neue Rechtsform.

Die für den innerhalb der Partnerschaft ausgeübten Freien Berufe abgeschlossene Berufshaftpflichtversicherung ist durch eine entsprechende Bescheinigung des Versicherers nachzuweisen. Diese Bescheinigung muss die einschlägigen Vorschriften des betroffenen Berufsrechts enthalten.

Um zu erfahren, ob diese Angaben ausreichend sind, bittet das Registergericht regelmäßig die jeweiligen Berufskammern um Stellungnahme. Auch wird das Registergericht sich in „Zweifelsfällen“ wegen der standesrechtlichen Zulässigkeit der Partnerschaft mit der zuständigen Berufskammer abstimmen. Daher ist es ratsam, ungewöhnliche Konstellationen bereits im Vorfeld mit der zuständigen Ärztekammer auf Zulässigkeit zu überprüfen.

9.1 Meldepflichtige Änderungen am Gesellschaftsvertrag

Bei späteren Änderungen am Gesellschaftsvertrag sind nicht sämtliche Änderungen dem Partnerschaftsregister mitzuteilen.

Meldepflichtig sind lediglich Änderungen zu den Angaben, welche im Rahmen der Erstanmeldung des Vertrages mitgeteilt und sodann eingetragen wurden. Im Falle meldepflichtiger Änderungen sind diese durch sämtliche Partner (einzige Ausnahme: Anmeldungen betreffend eine Zweigniederlassung s.u.) beim Registergericht des

Sitzes elektronisch in öffentlich beglaubigter Form (Notarpflicht!) zur Eintragung in das Partnerschaftsregister anzumelden, §§ 4 Abs. 1 Satz 3, 5 Abs. 2 PartGG, § 12 HGB.

Folgende Änderungen am Vertrag unterliegen der erneuten Meldepflicht. Änderungen betreffend:

- dem Name der Partnerschaft, § 4 Abs. 1 Satz 3 PartGG,
- dem Sitz der Partnerschaft, § 4 Abs. 1 Satz 3 PartGG,
- dem Gegenstand der Partnerschaft, § 4 Abs. 1 Satz 3 PartGG,
- dem Nachname des Partners,
- dem Vorname des Partners (selten),
- dem Wohnort des Partners,
- dem ausgeübten Freien Beruf des Partners.

  Die Änderung ist glaubhaft zu machen. Als Nachweis der Namensänderung reicht beispielsweise eine öffentlich beglaubigte Abschrift der Urkunde über die Namensänderung (z.B. Heiratsurkunde).

  > **Tipp!** Erfolgt die Namensänderung eines Partners z.B. durch Eheschließung, Scheidung, Namenserteilung, amtliche Änderung, kann der Name der Partnerschaft auch dann unverändert beibehalten werden, wenn der bisherige Name des Partners im Namen der Gesellschaft enthalten ist (§ 2 Abs. 2 PartGG, § 21 HGB).

- Änderungen der gesetzlichen bzw. vertraglichen Vertretungsbefugnis, § 7 Abs. 3 PartGG, § 125 HGB.
- Veränderungen bezüglich bestehender Zweigniederlassungen (Neueröffnung, Schließung, Verlegung), § 5 Abs. 2 PartGG, §§ 13, 13d HGB.
- Eintritt neuer Partner, § 4 Abs. 1 Satz 3 PartGG (die Anmeldung muss durch alle, auch den neuen, Partner erfolgen). Übt der Partner einen Beruf aus, der bisher nicht in der Partnerschaft vertreten ist muss eine vertragliche Namensänderung und Gegenstandsänderung der Partnerschaft durch Aufnahme des neuen Berufes in den Namen der Gesellschaft erfolgen. Die Anmeldung des neuen Namens und Gegenstandes muss durch alle Partner erfolgen.
- Ausscheiden bisheriger Partner, § 9 Abs. 1 PartGG, § 143 Abs. 2 HGB (Anmeldung durch alle Partner, auch durch den ausscheidenden Partner bzw. seine Erben; bzw. bei Ausscheiden wegen Insolvenz des Partners Anmeldung durch den Insolvenzverwalter). Ist der nur durch den ausgeschiedenen Partner ausgeübte Beruf nun nicht mehr in der Partnerschaft vertreten (vertragliche Namensänderung durch Streichung des Berufs und Gegenstandsänderung der Partnerschaft) erfolgt die

Anmeldung des neuen Namens und Gegenstandes durch alle Partner. Eine Fortführung des Namens des ausscheidenden Partners im Namen der Partnerschaft ist möglich, jedoch ist Zustimmung des Partners bzw. seiner Erben erforderlich, § 2 Abs. 2 PartGG, § 24 Abs. 2 HGB. Die Zustimmung hierzu kann im Rahmen der Anmeldung des Ausscheidens erteilt werden.

Hinweis zum Ausscheiden eines Partners bei einer Partnerschaft, welche aus zwei Partnern besteht

Das Ausscheiden wird außerhalb des Registers wirksam, mit der Wirksamkeit des den Austritt bewirkenden Ereignisses (beispielsweise mit Wirksamkeit der Kündigung). Die Folge ist, dass die Partnerschaft erlischt, weil eine „Ein-Mann-Partnerschaft" rechtlich nicht bestehen kann. In einem solchen Fall ist durch alle Partner das Ausscheiden des jeweiligen Partners sowie die Beendigung der Partnerschaft und das Erlöschen ihres Namens anzumelden.

Zu verhindern ist die Auflösung also nur durch Aufnahme eines neuen Partners (Wirksamkeit mit Eintragung im Register, § 7 Abs. 1 PartGG analog, also anders als das Ausscheiden) vor Ausscheiden des zweiten Partners.

- die Auflösung der Partnerschaft § 9 Abs. 1 PartGG, § 143 Abs. 1 HGB (Anmeldung durch alle Partner). **Ausnahme:** Bei Auflösung wegen der Eröffnung des Insolvenzverfahrens über das Vermögen der Partnerschaft erfolgt eine Eintragung von Amts wegen ohne Anmeldung, § 2 Abs. 2 PartGG, § 32 HGB,
- die Liquidatoren und deren Vertretungsmacht, §§ 10 Abs. 1 PartGG, 148 Abs. 1 HGB. Nach der Auflösung findet grundsätzlich die Liquidation statt. **Ausnahme:** Vereinbarung einer anderen Art der Auseinandersetzung durch die Partner oder Auflösung wegen Eröffnung des Insolvenzverfahrens über das Partnerschaftsvermögen. Die Liquidatoren und deren Vertretungsmacht sind durch alle Partner anzumelden, § 10 Abs. 1 PartGG, § 148 Abs. 1 HGB.
- Änderungen der Vertretungsregelungen der Liquidatoren, § 10 Abs. 1 PartGG, § 148 Abs. 1 Satz 2 HGB. Die Liquidatoren vertreten (anders als die Partner) die Partnerschaft i.L. grundsätzlich gemeinsam § 10 Abs. 1 PartGG, § 150 HGB, sofern durch Gesellschaftsvertrag keine andere Regelung vereinbart ist.
- das Ende der Liquidation und damit das Erlöschen des Namens der Partnerschaft, § 10 Abs. 1 PartGG, § 157 Abs. 1 HGB (Anmeldung durch alle Liquidatoren, § 10 Abs. 1 PartGG, § 157 Abs. 1 HGB).

Sofern Änderungen am Gesellschaftsvertrag erfolgen, die keinen der vorbenannten Punkte betreffen (z.B. Änderung der Gewinnverteilung oder Entnahmeregelungen), ist eine Anzeige nicht erforderlich.

10. Steuerrechtliche Behandlung der Partnerschaftsgesellschaft mit beschränkter Berufshaftung

10.1 Einkommensteuer

Die Besteuerung der Partnerschaftsgesellschaft erfolgt nach dem Prinzip der für alle Personengesellschaften geltenden transparenten Besteuerung. Nach der Gesetzesbegründung zum »Gesetz zur Einführung einer Partnerschaftsgesellschaft mit beschränkter Berufshaftung und zur Änderung des Berufsrechts der Rechtsanwälte, Patentanwälte, Steuerberater und Wirtschafsprüfer« vom 15.07.2013 (BGBl I 2013, 2386) geht der Gesetzgeber davon aus, dass auch die PartGmbB steuerlich genauso zu behandeln ist wie die »normale« Partnerschaftsgesellschaft (s. BT-Drs. 17/10487, 11). Hierfür spricht auch, dass es sich nicht um eine neue Rechtsform, sondern lediglich um eine Variante der Partnerschaftsgesellschaft handelt. Das BMJ hat in seiner Pressemitteilung vom 05.07.2013 hierzu Folgendes ausgeführt: »Diese Variante vereint steuerliche Transparenz (also Besteuerung auf der Ebene der Gesellschafter) mit einer Haftungsbeschränkung, wenn es zu beruflichen Fehlern kommt.« Anderenfalls wären die Bemühungen, als Alternative zur LLP, mit der PartGmbB eine Personengesellschaft zu schaffen, die deren steuerliche Auswirkungen mit der Haftungsbeschränkung auf das Gesellschaftsvermögen verbindet, letztlich vergebens gewesen.

10.2 Partnerschaftsgesellschaften als freiberufliche Mitunternehmerschaften

Da sich Partnerschaftsgesellschaften ausschließlich aus Angehörigen freier Berufe i.S.d. § 18 Abs. 1 Nr. 1 EStG zusammensetzen, erzielen sie im Allgemeinen Einkünfte aus selbstständiger Arbeit nach § 18 EStG. Eine freiberufliche Tätigkeit ist durch die Personenbezogenheit der erbrachten Leistung gekennzeichnet (»Höchstpersönlichkeit der Einkunftserzielung«). Hiermit ist grundsätzlich nicht vereinbar, dass ein Partner über die Gewinnverteilung an Einnahmen partizipiert, die andere Gesellschafter aus einer Tätigkeit erzielt haben, welche dem Partner nicht erlaubt ist. Nach der Rechtsprechung des BFH ist für die Qualifizierung der Einkünfte der Partnerschaftsgesellschaft oder einer Sozietät eine gesellschafterbezogene Betrachtungsweise vorzunehmen (BFH Urteil vom 15.10.1981, IV R 77/76, BStBl II 1982, 340; BFH Urteil vom 23.11.2000, IV R 48/99, BStBl II 2001, 241). Die berufs- bzw. standesrechtliche Rechtslage ist für die steuerrechtliche Beurteilung der Einkünfte einer Partnerschaft oder Sozietät grundsätzlich ohne Bedeutung (BFH Urteil vom 15.10.1981, IV R 77/76, BStBl II 1982, 340).

Im Falle der Mithilfe fachlich vorgebildeter Arbeitskräfte ist es dazu allerdings – wie bei einem einzeln tätigen Freiberufler – erforderlich, dass die Partner aufgrund eigener Fachkenntnisse leitend und eigenverantwortlich tätig sind (§ 18 Abs. 1 Nr. 1 Satz 3 EStG). Daran kann es z.B. bei einem Zusammenschluss von Laborärzten bei einer sehr hohen Anzahl von Mitarbeitern fehlen (BFH Urteil vom 21.03.1995, XI R 85/93, BStBl II 1995, 732). In solchen Fällen ist die gesamte Tätigkeit der Partnerschaft als gewerblich zu beurteilen. Eine aus einem beratenden Betriebswirt und einem Diplom-Ökonom bestehende Partnerschaftsgesellschaft, die Insolvenzverwaltung betreibt, erzielt auch dann Einkünfte aus sonstiger selbstständiger Arbeit i.S.d. § 18 Abs. 1 Nr. 3 EStG, wenn sie fachlich vorgebildete Mitarbeiter einsetzt, sofern ihre Gesellschafter als Insolvenzverwalter selbst leitend und eigenverantwortlich tätig bleiben (BFH Urteil vom 26.01.2011, VIII R 3/10, BStBl II 2011, 498). Der BFH hat mit diesem Urteil die i.R.d. § 18 Abs. 1 Nr. 3 EStG vertretene Vervielfältigungstheorie aufgegeben, nach der die sonstige selbstständige Arbeit i.S.d. § 18 Abs. 1 Nr. 3 EStG (Vermögensverwaltung etc.) grundsätzlich persönlich – d.h. ohne die Mithilfe fachlich vorgebildeter Hilfskräfte – ausgeübt werden musste.

Auch eine – entgegen der Regelung des PartGG vereinbarte – Beteiligung von »berufsfremden Personen« an der Partnerschaftsgesellschaft führt zur Qualifizierung des gesamten Gewinns als Einkünfte aus Gewerbebetrieb (BFH Urteil vom 09.10.1986, IV R 235/84, BStBl II 1987, 124). Das ist z.B. dann der Fall, wenn die Partnerschaftsgesellschaft unter Beteiligung von berufsfremden Erben fortgeführt wird (BFH Urteil vom 14.12.1993, VIII R 13/93, BStBl II 1994, 922). Das Gleiche gilt für den Fall, dass sich ein Freiberufler lediglich kapitalmäßig an der Sozietät beteiligt. Unschädlich ist dagegen grundsätzlich der Zusammenschluss von unterschiedlich freiberuflich tätigen Personen, wie z.B. Rechtsanwälte, Steuerberater und Wirtschaftsprüfer. Das PartGG will solche Zusammenschlüsse gerade fördern.

Zwar sind auch doppelstöckige Freiberufler-Personengesellschaften denkbar. Ist an einer Personengesellschaft (Untergesellschaft) eine andere Personengesellschaft (Obergesellschaft) beteiligt, dann entfaltet die Untergesellschaft aber nur dann eine freiberufliche Tätigkeit, wenn neben den unmittelbar Beteiligten Gesellschaftern auch sämtliche mittelbar beteiligten Gesellschafter der Obergesellschaft die Merkmale eines freien Berufs erfüllen (BFH Urteil vom 28.10.2008, VIII R 69/06, BStBl II 2009, 642).

Demgemäß können die Gesellschafter einer Oberpersonengesellschaft nur durch ihre persönliche, qualifizierte Arbeitsleistung, nicht aber allein durch das Halten einer mittelbaren Beteiligung an einer anderen Freiberufler-Gesellschaft freiberufliche Einkünfte beziehen. Die Gesellschafter der Untergesellschaft hingegen können keine freiberuflichen Einkünfte erzielen, wenn Berufsfremde unmittelbaren oder – über eine mitunternehmerisch beteiligte Obergesellschaft – mittelbaren Einfluss auf die Tätigkeit der Untergesellschaft nehmen.

Einkünfte aus Gewerbebetrieb können auch dann insgesamt gegeben sein, wenn ein, mehrere bzw. alle Partner neben der freiberuflichen Tätigkeit auch gewerblich tätig werden. Das ist z.B. der Fall, wenn ein Partner, der in der Partnerschaft freiberuflich die Tätigkeit eines Rechtsanwalts oder Steuerberaters ausübt, daneben treuhänderisch im Rahmen eines Bauherrenmodells tätig wird (BFH Urteil vom 01.02.1990, IV R 42/89, BStBl II 1990, 534; BFH Urteil vom 10.08.1994, I R 133/93, BStBl II 1995, 171). Für solche Fälle schreibt § 15 Abs. 3 Nr. 1 EStG vor, dass die gesamte Tätigkeit der Partnerschaftsgesellschaft als gewerbliche Tätigkeit anzusehen ist (sog. Abfärbetheorie; gewerblich tätige Personengesellschaften).

Gilt wegen der Beteiligung eines Berufsfremden an einer im Übrigen aus Freiberuflern bestehenden Personengesellschaft diese Gesellschaft gemäß § 15 Abs. 3 Nr. 1 EStG als Gewerbebetrieb, ist der relativ geringe Beteiligungsumfang des Berufsfremden (hier: 3,35 %) kein Grund, von dieser Rechtsfolge im Wege einschränkender Auslegung (wegen »äußerster Geringfügigkeit«) abzusehen (laut BFH, wenn die gewerblichen Umsätze weniger als 3 % der Gesamtumsätze betragen und insgesamt 24.500 € nicht übersteigen). Soweit die Rechtsprechung § 15 Abs. 3 Nr. 1 EStG in den Fällen einschränkend ausgelegt hat, in denen neben freiberuflichen in quantifizierbarer Weise auch gewerbliche Tätigkeiten (wie etwa Warenverkäufe) entfaltet wurden (BFH Urteil vom 11.08.1999, XI R 12/98, BStBl II 2000, 229) ist sie nicht einschlägig.

Auch die Verpachtung von Wirtschaftsgütern (z.B. Laborräume) kann zur Umqualifizierung von freiberuflichen Einkünften führen. Verpachten z.B. die Inhaber einer freiberuflichen Zahnarztpraxis die in ihrem Haus befindlichen Laborräume an eine von ihnen gegründete MVZ-GmbH, liegt nach Auffassung des BFH zwischen den Inhabern der Gemeinschaftspraxis und der GmbH eine Betriebsaufspaltung vor mit der Folge, dass nicht nur die Einkünfte aus der Verpachtung der Laborräume, sondern

– wegen der Abfärberegelung des § 15 Abs. 3 Nr. 1 EStG – auch die Einkünfte aus der freiberuflichen Tätigkeit als gewerblich anzusehen sind (BFH Urteil vom 13.11.1997, IV R 67/96, BStBl II 1998, 254).

Im Vergleich zu einzelnen Personen werden damit Personenzusammenschlüsse ungleich behandelt. Bei einzelnen Personen ist bei gemischter Tätigkeit grundsätzlich eine Trennung vorzunehmen, soweit dies nach der Verkehrsauffassung möglich ist (BFH Urteil vom 11.07.1991, IV R 33/90, BStBl II 1992, 353; BFH Urteil vom 02.10.2003, IV R 48/01, BStBl II 2004, 363). Eine einheitliche Tätigkeit liegt nur dann vor, wenn die verschiedenen Tätigkeiten derart miteinander verflochten sind, dass sie sich gegenseitig bedingen (BFH Urteil vom 11.07.1991, IV R 33/90, a.a.O.). Werden nur gemischte Leistungen erbracht, sind die Einkünfte danach zu qualifizieren, welche der einzelnen Tätigkeiten der Gesamttätigkeit das Gepräge gibt (BFH Urteil vom 24.04.1997, IV R 60/95, BStBl II 1997, 567; vom 02.10.2003, IV R 48/01, a.a.O.).

Die wegen dieser Ungleichheit bestehenden Zweifel an der Verfassungsmäßigkeit des § 15 Abs. 3 Nr. 1 EStG sind vom BVerfG mit Beschluss vom 15.01.2008 (1 BvL 2/04, BVerfGE 120, 1) geklärt worden. Es verstößt nicht gegen den Gleichheitssatz, dass nach § 15 Abs. 3 Nr. 1 EStG (sog. Abfärberegelung) die gesamten Einkünfte einer Personengesellschaft als Einkünfte aus Gewerbebetrieb gelten und damit der Gewerbesteuer unterliegen, wenn die Gesellschaft auch nur teilweise eine gewerbliche Tätigkeit ausübt.

Der BFH hält die Abfärberegelung in ständiger Rechtsprechung für verfassungsgemäß (z.B. BFH Urteil vom 30.08.2001, IV R 43/00, BStBl II 2002, 152). Der BFH legt die Vorschrift allerdings einschränkend aus, um Härtefälle zu vermeiden. Die umqualifizierende Wirkung des § 15 Abs. 3 Nr. 1 EStG soll nicht eingreifen, wenn der Anteil der originär gewerblichen Tätigkeit »äußerst gering« ist. Wo die Grenze zu ziehen ist, ist allerdings offen. Bei einer gewerblichen Tätigkeit, die 1,25 % der Umsätze ausmacht, soll jedenfalls die Abfärbewirkung nicht greifen (BFH Urteil vom 11.08.1999, XI R 12/98, BStBl II 2000, 229). Eine Umqualifizierung nach § 15 Abs. 3 Nr. 1 EStG in Einkünfte aus Gewerbebetrieb tritt nicht ein, wenn die originär gewerblichen Nettoumsatzerlöse 3 % der Gesamtnettoumsatzerlöse der Gesellschaft und den Betrag von 24.500 € im Veranlagungszeitraum nicht übersteigen (vgl. BFH vom 27.08.2014, VIII R 16/11, BStBl II 2015, 996).

Der Behandlung als gewerbliche Einkünfte insgesamt kann man dadurch entgehen, dass die gewerblichen Tätigkeiten von den jeweiligen Partnern auf eigene Rechnung durchgeführt werden oder die gewerblichen Tätigkeiten durch eine weitere – ggf. personenidentische – Personengesellschaft durchgeführt werden.

Die Tätigkeit der gewerblichen Gesellschaft muss sich eindeutig von der Tätigkeit der Partnerschaftsgesellschaft abgrenzen lassen. Dies setzt folgendes voraus (s. dazu entsprechend BMF vom 14.5.1997, BStBl I 1997, 566, unter 4.):

- Der Gesellschaftsvertrag muss so gestaltet sein, dass die Gesellschaft wirtschaftlich, organisatorisch und finanziell von der Partnerschaftsgesellschaft unabhängig ist.
- Es sind getrennte Aufzeichnungen oder Bücher zu führen, besondere Bank- und Kassenkonten einzurichten sowie eigene Rechnungsformulare zu verwenden.
- Soweit mit Waren gehandelt wird, sind diese getrennt von der Partnerschaftsgesellschaft aufzubewahren. Überwiegend im Zusammenhang mit der gewerblichen Tätigkeit genutzte Wirtschaftsgüter gehören zum Betriebsvermögen der gewerblichen Gesellschaft.

10.3 Ermittlung der Einkünfte

Eine Partnerschaftsgesellschaft unterliegt als Personengesellschaft den gleichen steuerrechtlichen Regeln wie andere Personengesellschaften (OHG, KG, GbR; Mitunternehmerschaft). Besondere Vorschriften für die Partnerschaftsgesellschaft sind nicht vorgesehen.

Eine Partnerschaftsgesellschaft stellt steuerrechtlich eine Mitunternehmerschaft dar (§ 18 Abs. 4 i.V.m. § 15 Abs. 1 Satz 2 Nr. 2 EStG). Sie ist nicht selbst Einkommensteuersubjekt. Wie bei anderen Mitunternehmerschaften sind die im Rahmen der Partnerschaftsgesellschaft erzielten Einkünfte den Partnern zuzurechnen und von ihnen im Rahmen ihrer persönlichen Einkommensteuerveranlagung zu versteuern.

Um die Einkünfte der Partner zu ermitteln, ist zunächst erforderlich, dass der Gewinn (oder Verlust) der Partnerschaftsgesellschaft nach den steuerrechtlichen Gewinnermittlungsvorschriften festgestellt wird. Dies vollzieht sich ähnlich wie bei einer gewerblich tätigen Mitunternehmerschaft i.S.d. § 15 Abs. 1 Satz 1 Nr. 2 EStG. Damit gehört nicht nur der jeweilige Anteil des Partners am Gewinn (bzw. Verlust) zu den selbstständigen Einkünften. Auch Sondervergütungen, die von der Partnerschaftsgesellschaft für Dienstleistungen, Darlehensgewährungen und für die Vermietung und Verpachtung von Wirtschaftsgütern (z.B. Praxis- oder Büroräume) gelistet werden, gehören zu den Einkünften aus selbstständiger Arbeit (Mitunternehmerschaft).

Diese Vergütungen sind bei freiberuflich tätigen Mitunternehmern Einkünfte aus selbstständiger Arbeit (§ 18 Abs. 4 Satz 2 i.V.m. § 15 Abs. 1 Nr. 2 EStG) und stellen keine Einkünfte aus nichtselbstständiger Arbeit (§ 19 EStG), Kapitalvermögen (§ 20 EStG) oder aus Vermietung und Verpachtung (§ 21 EStG) dar.

Der so ermittelte Gewinn (Verlust) wird nach dem partnerschaftsvertraglich vereinbarten Gewinn- und Verlustverteilungsschlüssel auf die Partner aufgeteilt. Die den Partnern zuzurechnenden Einkünfte werden einheitlich und gesondert im Verfahren nach §§ 179, 180 Abs. 1 Nr. 2a AO festgestellt. Der entsprechende Feststellungsbescheid ist Grundlagenbescheid für die Einkommensteuerbescheide der Partner und entfaltet somit Bindungswirkung (§ 182 Abs. 1 AO).

10.4 Betriebsvermögen der Partnerschaftsgesellschaft

Betriebsvermögen der Partnerschaftsgesellschaft ist das den Partnern zur gesamten Hand (§ 719 BGB) zustehende gemeinsame Vermögen (Gesamthandsvermögen). Wie bei allen Mitunternehmerschaften sind außerdem als Sonderbetriebsvermögen Wirtschaftsgüter zu erfassen, die den einzelnen Partnern gehören und dem Betrieb der Partnerschaft dienen (wie z.B. das der Partnerschaftsgesellschaft zur Nutzung überlassene Gebäude).

Hinweis! Freiberuflich Tätige können nur in geringerem Umfang Betriebsvermögen bilden als Gewerbetreibende. Sie können Wirtschaftsgüter nur dann dem Betriebsvermögen zurechnen, wenn diese dem freiberuflichen Berufsbild entsprechen. Damit scheiden in der Regel Wertpapiere, Anteile und Mietshäuser als gewillkürtes Betriebsvermögen aus (BFH Urteil vom 24.08.1989, IV R 80/88, BStBl II 1990, 17; BFH Urteil vom 18.08.1992, VIII R 22/89, BFH/NV 1993, 465; BFH Urteil vom 24.02.2000, IV R 6/99, BFH/NV 2000, 916).

Allerdings ist die Willkürung als Betriebsvermögen nicht gänzlich ausgeschlossen. Dafür reiche es zwar nicht aus, dass die Wertpapiere aus betrieblichen Mitteln beschafft wurden und in der Gewinnermittlung ausgewiesen sind. Vielmehr müssten sie „als Hilfsgeschäft zur freiberuflichen Tätigkeit angesehen werden können".

Dies sei aber der Fall, „wenn ein als Sicherheit für betriebliche Schulden verpfändetes Wertpapierdepot in seiner Verwendung so festgelegt ist, dass es aus der Sicht der kreditgebenden Bank untrennbarer Bestandteil eines Finanzierungskonzepts für den freiberuflichen Betrieb ist, das über die Verwendung des Depots als Kreditsicherheit hinausgeht".

Dies sei z.B. denkbar, wenn der Arzt die Wertpapiere nur mit Zustimmung der Bank verkaufen kann und diese zur Ansparung der Darlehenstilgung anlässlich des Praxiserwerbes dienen, vgl. BFH vom 17.05.2011, VIII R 1/08.

10.5 Aufzeichnungspflichten und Gewinnermittlung

Da sich die Partnerschaftsgesellschaft aus selbstständig Tätigen zusammensetzt, ist sie wie der einzelne Berufsangehörige nicht zur Buchführung und damit zu einer bestimmten Gewinnermittlungsart verpflichtet. § 141 AO sieht bei Überschreiten gewisser Gewinn- oder Umsatzgrenzen die Buchführungs- und Bilanzierungspflicht nur für Gewerbetreibende und Land- und Forstwirte vor.

Damit kann zwischen zwei Gewinnermittlungsarten frei gewählt werden:

- **Ermittlung der Einkünfte durch Einnahme-Überschussrechnung (§ 4 Abs. 3 EStG)**
  Dazu ist seit 2017 ausnahmslos der Vordruck EÜR zu verwenden (ab 2006, BMF vom 21.09.2006, BStBl I 2006, 549).
- Stattdessen kann auch die **Gewinnermittlung durch Betriebsvermögensvergleich** (§ 4 Abs. 1 EStG) gewählt werden.
  In diesem Fall besteht allerdings die Verpflichtung zur Führung von Büchern und zur Aufstellung einer Bilanz.

Während die Einnahme-Überschussrechnung gewissen Gestaltungsspielraum eröffnet, indem z.B. durch den Zeitpunkt der Rechnungsstellung der Zufluss von Betriebseinnahmen i.S.d. hier anzuwendenden § 11 EStG gesteuert werden kann, und sie auch weniger Aufwand bedeutet, wirken sich z.B. Änderungen des Wertes des Betriebsvermögens nicht aus (keine Teilwertabschreibung möglich; Teilwert) oder Rückstellungen können nicht Gewinn mindernd gebildet werden.

10.6 Umsatzsteuer

Die Partnerschaftsgesellschaft ist als Personengesellschaft selbst Unternehmer nach § 2 UStG und somit umsatzsteuerpflichtig bzw. unter den Voraussetzungen des § 4 Nr. 14 und Nr. 28 UStG umsatzsteuerfrei. Daneben können die Partner selbstständige Unternehmer sein und z.B. die Umsatzgrenze des § 19 Abs. 2 UStG (Gesamtumsatz) für die Anwendung der Kleinunternehmerregelung selbständig neben der Partnerschaftsgesellschaft erneut in Anspruch nehmen.

11. Anhang

Adressen der Bundes- und Landesärztekammern

Bundesärztekammer	Herbert-Lewin-Platz 1 10623 Berlin	Tel.: 030/400456-0 Fax: 030/400456-388 info@baek.de
Landesärztekammer Baden-Württemberg	Jahnstr. 40 70597 Stuttgart	Tel.: 0711/76989-0 Fax: 0711/769895-0 info@laek-bw.de
Bayerische Landesärztekammer	Mühlbaurstr. 16 81677 München	Tel.: 089/4147-0 Fax: 089/4147-280 info@blaek.de
Ärztekammer Berlin	Friedrichstr. 16 10969 Berlin	Tel.: 030/40806-0 Fax: 030/40806-3499 kammer@aekb.de
Landesärztekammer Brandenburg	**Geschäftsstelle Cottbus:** Dreifertstr. 12 03044 Cottbus **Geschäftsstelle Potsdam** Pappelallee 5 14469 Potsdam	Tel.: 0355/78010-0 Fax: 0355 78010-369 post@laekb.de Tel.: 0331/505605-760 Fax: 0331/505605-769 post@laekb.de
Ärztekammer Bremen	Schwachhauser Heerstr. 30 28209 Bremen	Tel.: 0421/340420-0 Fax: 0421/340420-9 info@aekhb.de
Ärztekammer Hamburg	Weidestr. 122 b 22083 Hamburg	Tel.: 040/202299-0 Fax: 040/202299-400 post@aekhh.de
Landesärztekammer Hessen	Im Vogelsgesang 3 60488 Frankfurt	Tel.: 069/97672-0 Fax: 069/97672-128 info@laekh.de
Ärztekammer Mecklenburg-Vorpommern	August-Bebel-Str. 9a 18055 Rostock	Tel.: 0381/49280-0 Fax: 0381/49280-80 info@aek-mv.de

Ärztekammer Niedersachsen	Karl-Wiechert-Allee 18-22 30625 Hannover	Tel.: 0511/380-02 Fax: 0511/380-2240 info@aekn.de
Ärztekammer Nordrhein	Tersteegenstr. 9 40474 Düsseldorf	Tel.: 0211/4302-0 Fax: 0211/4302-2009 aerztekammer@aekno.de
Landesärztekammer Rheinland-Pfalz	Deutschhausplatz 3 55116 Mainz	Tel.: 06131/28822-0 Fax: 06131/28822-88 kammer@laek-rlp.de
Ärztekammer des Saarlandes	Faktoreistr. 4 66111 Saarbrücken	Tel.: 0681/4003-0 Fax: 0681/4003-340 info-aeks@aeksaar.de
Sächsische Landesärztekammer	Schützenhöhe 16 01099 Dresden	Tel.: 0351/8267-0 Fax: 0351/8267-412 info@slaek.de
Ärztekammer Sachsen-Anhalt	Doctor-Eisenbart-Ring 2 39120 Magdeburg	Tel.: 0391/6054-6 Fax: 0391/6054-7000 info@aeksa.de
Ärztekammer Schleswig-Holstein	Bismarckallee 8-12 23795 Bad Segeberg	Tel.: 04551/803-0 Fax: 04551/803-188 info@aeksh.de
Landesärztekammer Thüringen	Im Semmicht 33 07751 Jena-Maua	Tel.: 03641/614-0 Fax: 03641/614-169 post@laek-thueringen.de
Ärztekammer Westfalen-Lippe	Gartenstr. 210-214 48147 Münster	Tel.: 0251/929-0 Fax: 0251/929-2999 posteingang@aekwl.de

Stichwortverzeichnis

A

B

D

E

F

G